Langenscheidt

Schnell mitreden auf Französisch

100 Wörter lernen, 500 Sätze sprechen

Langenscheidt

Autorin: Fabienne Schreitmüller

1. Auflage 2020 (1,01 – 2020)

www.langenscheidt.com

Satz: Franzis print & media GmbH, München
Neugestaltung: zweiband.media, Berlin
Einbandgestaltung: Mariela Schwerdt, Design & Feinschliff Studio
Druck und Bindung: Publikum d.o.o

ISBN 978-3-12-514389-0

Inhalt

Benutzerhinweise

- Dieser Sprachführer macht es Ihnen so leicht wie möglich, sich im französischsprachigen Ausland zu verständigen: Sie lernen nur 100 Wörter, mit denen Sie über 500 Sätze sprechen und somit alle relevanten Reisesituationen meistern können! Um den größtmöglichen Nutzen aus diesem Buch zu ziehen, gehen Sie bitte wie folgt vor:
- Lernen Sie zunächst die 100 Wörter im nachfolgenden Hundertwortschatz. Diese wurden nicht alphabetisch geordnet, sondern in sinnhafte Gruppen gegliedert, um Ihnen das Einprägen zusätzlich zu erleichtern. Bei den Verben finden Sie nur die Formen, die Sie später tatsächlich benötigen. Alle Formen eines Verbs sind in einem Eintrag zusammengefasst.
- Sie müssen nur 100 Wörter lernen, aber Ihr Grundwortschatz ist eigentlich schon viel breiter, denn aus den Einzelwörtern kann man Zusammensetzungen bilden. Die wichtigsten dieser Wortkombinationen finden Sie bereits im Hundertwortschatz, weitere werden später in den Kapiteln in einem Sprachtipp oder einer Fußnote erklärt und sind auch im Wörterbuch am Ende dieses Buches zu finden.
- Sowohl im Hundertwortschatz als auch in den einzelnen Kapiteln gibt es gelb eingerahmte Sprachtipps, die Ihnen die wichtigsten Regeln und sprachlichen Besonderheiten des Französischen anhand von Beispielen erläutern.
- Darüber hinaus informieren Sie die grün umrahmten Kulturtipps über bestimmte Gepflogenheiten in Frankreich, die für den deutschsprachigen Besucher zunächst neu und ungewohnt sein könnten.

- In den einzelnen Kapiteln finden Sie – nach Themen geordnet – die wichtigsten Sätze und Ausdrücke, die Sie in der jeweiligen Situation sprechen oder auch verstehen möchten. Dabei handelt es sich bewusst um Sätze aus dem tatsächlich gesprochenen Alltagsfranzösisch.
  An einigen Stellen wurden die Sätze durch Bilder ergänzt; das jeweilige französische Wort zum Bild ist jedoch direkt darunter angegeben und kann als weitere Alternative in den Satz (an der Stelle „…") eingesetzt werden.
- Das Wörterbuch ganz am Ende dieses Buches bietet Ihnen die Möglichkeit des alphabetischen Nachschlagens aller französischen Begriffe. Im Wörterbuch finden Sie alle Wörter aus dem Hundertwortschatz, alle Bild-Wörter sowie alle festen Wendungen aus den Kapiteln.
- Für die Angabe des Geschlechts bei Substantiven wurde [m] und [f] für männlich [= maskulin] und weiblich [= feminin] verwendet; wenn ein Satz nur von einem Mann oder nur von einer Frau gesprochen werden kann, ist er durch das Zeichen ♂ für männlich oder ♀ für weiblich gekennzeichet. Im Hundertwortschatz und im Wörterbuch ist bei regelmäßig gebildeten Adjektiven, Pronomen und Partizipien von vielen grammatischen Formen nur die männliche Grundform aufgeführt, die zur besseren Übersichtlichkeit allerdings nicht explizit als männlich gekennzeichnet wurde.
- In allen drei Teilen dieses Buches (Hundertwortschatz, Satzmuster zu den Reisesituationen, Wörterbuch) steht bei jedem französischen Wort die vereinfachte Lautschrift, sodass Ihnen die Aussprache keine Mühe bereitet. Bei dieser Lautschrift wurde vom Deutschen ausgegangen, d.h. bis auf wenige Ausnahmen werden alle Buchstaben so ausgesprochen, wie Sie es vom Deutschen gewohnt sind.

- Bitte beachten Sie aber die folgenden Besonderheiten bzw. Sonderzeichen:

  ~~sch~~ weiches *sch*, wie in *Garage*
  s wird stimmhaft gesprochen, wie das *s* in *Sonne*
  ß wird stimmlos gesprochen, wie *s* in *Messe*
  ɔ offenes *o*, wie in *Wolle*
  ã durch die Nase gesprochenes *an*
  ẽ durch die Nase gesprochenes *en*
  õ durch die Nase gesprochenes *on*

  Bitte beachten Sie außerdem: Das *h* wird im Französischen nie ausgesprochen. Um zu zeigen, dass Wörter aneinander gebunden auszusprechen sind, wurden diese in der Lautschrift mit einem Bindebogen (…t‿a...) versehen.
  Das Zeichen ˈ schließlich bedeutet, dass die nachfolgende Silbe betont ausgesprochen werden soll.

- Hier finden Sie eine Übersicht der verwendeten grammatischen Begriffe sowie einige Beispiele:

	deutsche Beispiele	**französische Beispiele**
Artikel	das, eine, ein	le, une, un
Adjektiv	warm, schön, nett	chaud, beau, gentil
Adverb	leise, gut, ernsthaft	doucement, bien, sérieusement
Substantiv	Reise, Flugzeug, Wetter	voyage, avion, temps
Verb	sprechen, lesen, entspannen	parler, lire, se relaxer
Pronomen	mir, er, euer	moi, il, votre
Partizip	angereist, geliebt, verbracht	arrivé, aimé, passé

Hundertwortschatz

1	**oui** ui	ja
2	**non** nõ	nein
3	**le** lö	der/das; ihn/es
	la la	die; sie
	les le	die [Mehrzahl]; sie [Mehrzahl]
4	**un** ẽ	ein; eins
	une ün	eine; eins
	des de	[Mehrzahl von *un*/*une*]

SPRACHTIPP

Im Französischen gibt es nur einen weiblichen – *la* (die) – und einen männlichen – *le* (der/das) – bestimmten Artikel. Die Mehrzahl des bestimmten Artikels lautet für beide Geschlechter *les* (die), z. B. *la chambre/les chambres* (das/die Schlafzimmer), *le lit/les lits* (das Bett/die Betten). Ebenso verhält es sich mit den unbestimmten Artikeln *un* (ein) und *une* (eine), deren Mehrzahl *des* ist: *des magasins* (Geschäfte), *des chambres* (Zimmer). Für *des* gibt es im Deutschen kein entsprechendes Wort, es bleibt daher unübersetzt.

5	**ce** ßö	dieser/dieses; das
	cette ßät	diese

6	**je** ~~sch~~ö	ich

SPRACHTIPP

Vor einem Selbstlaut (*a, e, i, o, u, y*) wird *je* verkürzt zu *j'*, z. B. *je suis* (ich bin) oder *j'ai* (ich habe).

7	**me** mö	mich
8	**moi** moa	mir
9	**tu** tü	du
10	**te** tö	dich
11	**toi** toa	dir
12	**il** il	er/es
13	**elle** äl	sie
14	**se** ßö	sich
15	**nous** nu	wir; uns
16	**vous** wu	Sie/sich; ihr/euch
17	**votre** wotr	Ihr/Ihre; euer/eure
18	**on** õ	man; wir

SPRACHTIPP

In der gesprochenen Sprache wird das persönliche Pronomen *on* (man) sehr häufig anstelle des Wortes *nous* (wir) benutzt, wie z. B. in *On mange* (Wir essen). Obwohl von der Bedeutung her klar eine Mehrzahl, muss dennoch das Verb nach *on* immer in der Einzahl stehen.

19	**Bonjour.** bõˈschur	Guten Tag/Morgen.
20	**Bonsoir.** bõˈßoar	Guten Abend; Gute Nacht; Auf Wiedersehen.
21	**Salut.** ßaˈlü	Hallo; Tschüs.
22	**Au revoir.** o‿röˈwoar	Auf Wiedersehen.
23	**Pardon.** parˈdõ	Entschuldigung./ Es tut mir leid.
24	**merci** märˈßi	danke
25	**comment** kɔˈmã	wie
26	**quand** kã	wann
27	**où** u	wo; wohin
28	**combien** kõˈbjẽ	wie viel/wie viele
29	**quel** käl **quelle** käl	welcher/welches welche
30	**que** kö	dass; den/die/das; wie; was; wie/als

31	**ça** ßa	dies; das
32	**tout** tu	alles; ganz
33	**quelque chose** kälkö‿schos	etwas
34	**rien** rjẽ	nichts
35	**ne ... pas** nö ... pa	nicht

SPRACHTIPP

Im Französischen besteht die Verneinung aus den zwei Wörtern *ne ... pas* (nicht), die das gebeugte Verb umschließen, z. B. *Je ne mange pas* (Ich esse nicht). Beginnt das Verb mit einem Selbstlaut oder einem stummen *h*, wird *ne* verkürzt zu *n'*. In der gesprochenen Sprache wird oft das *ne* weggelassen: *J'ai pas mangé* (Ich habe nicht gegessen) anstatt *Je n'ai pas mangé*.

Ne ... plus (nicht mehr), *ne ... rien* (nichts), *ne ... plus rien* (nichts mehr), *ne ... que* (nur) sind weitere Arten der Verneinung. Man findet sie in Sätzen wie: *Je n'ai plus besoin de toi* (Ich brauche dich nicht mehr). *Aujourd'hui, je ne fais rien* (Heute mache ich nichts). *Ce soir, je ne bois plus rien* (Heute Abend trinke ich nichts mehr). *Je n'aime que cette boisson* (Ich mag nur dieses Getränk).

36	**y** i	dort; dorthin
37	**ici** i'ßi	hier
38	**aujourd'hui** oschur'düi	heute
39	**demain** dö'mẽ	morgen

40	**tard** tar	spät
41	**loin** loẽ	weit
42	**deux** dö	zwei
43	**plus** plü	mehr
44	**beaucoup** bo'ku	viel; sehr
45	**très** trä	sehr
46	**trop** tro	zu ...
47	**déjà** de'~~sch~~a	schon
48	**mais** mä	aber; sondern
49	**et** e	und
50	**aussi** o'ßi	auch; so ...
51	**dans** dã	in; auf
52	**à** a	nach, zu; in; bis
53	**de** dö	von; aus

SPRACHTIPP

Kombiniert mit dem Artikel *le* (der) werden *à* und *de* immer zu *au* und *du*. Wollen Sie ausdrücken, dass Sie ins Bett gehen, dann sagen Sie also: *Je vais au lit* (Ich gehe ins Bett); oder dass Sie das Bett brauchen: *J'ai besoin du lit* (Ich brauche das Bett).

54	**pour** pur	für; um ... zu
55	**en** ẽ	in; nach; davon
56	**avec** aˈwäk	mit
57	**la journée** la schurˈne	Tag
58	**le soir** lö ßoar	Abend
59	**la nuit** la nüi	Nacht
60	**l'heure [f]** lör	Uhr; Uhrzeit; Stunde

SPRACHTIPP

Vor Substantiven, die mit einem Selbstlaut (*a, e, i, o, u, y*) oder einem stummen *h* anfangen, werden *le* (der) und *la* (die) immer verkürzt zu *l'*, z. B. *l'heure* (die Stunde).

61	**la chambre** la ˈschãbr	(Schlaf-)Zimmer
62	**le lit** lö li	Bett
63	**le repas** lö rpa	Mahlzeit; Essen
64	**la boisson** la boaˈßõ	Getränk
65	**le temps** lö tã	Wetter; Zeit

SPRACHTIPP

Im Französischen wird die Mehrzahl in den meisten Fällen einfach durch das Anhängen eines *-s* an das jeweilige Substantiv gebildet: *le magasin - les magasins* (der Laden – die Läden). Dieses *-s* wird allerdings nicht ausgesprochen. Wenn ein Substantiv bereits auf *-s* endet, sind Einzahl und Mehrzahlform gleich: *un repas, deux repas* (ein Essen, zwei Essen).

66	**la taille** la taj	Größe
67	**le cadeau** lö ka'do	Geschenk
68	**l'Allemagne [f]** lal'manj	Deutschland*
69	**le magasin** lö maga'sẽ	Laden; Geschäft
70	**la ville** la wil	Stadt

SPRACHTIPP

Zur Steigerung der Adjektive werden *plus* und *le plus* verwendet: *cher* (teuer), *plus cher* (teurer), *le plus cher* (am teuersten). Will man ausdrücken, dass etwas gleich ist, benutzt man das Wort *aussi*, z. B. *Pierre est aussi grand que Paul* (Pierre ist so groß wie Paul).

71	**bon** ♂ bõ	gut; also
	bonne ♀ bɔn	gut

* Lernen Sie hier bitte nur Ihr jeweiliges Herkunftsland:

l'Autriche [f] lo'trisch	Österreich
la Suisse la ßüiß	die Schweiz

72	**beau** ♂ bo **belle** ♀ bäl	schön; hübsch schön; hübsch
73	**grand** grã	groß
74	**petit** pti	klein
75	**content** kõ'tã	zufrieden; froh
76	**cher** ♂ schär **chère** ♀ schär	teuer teuer

SPRACHTIPP

Ein Adjektiv richtet sich in Geschlecht und Zahl nach dem Substantiv, das es näher bestimmt, z. B. *un grand lit* (ein großes Bett), *une grande chambre* (ein großes Schlafzimmer) oder *des grands magasins* (große Läden). Bei den meisten Adjektiven wird also für die weibliche Form ein *-e* und für die Mehrzahl ein *-s* angehängt. Davon abweichende unregelmäßige Formen, wie z. B. *belle*, sind oben extra aufgeführt.

77	**bien** bjẽ	gut; schön
78	**mieux** mjö	besser
79	**mal** mal	schlecht
	Ça fait mal. ßa fä mal	Es tut weh.
	J'ai mal. sche mal	Ich habe Schmerzen./ Es tut mir weh.
	Vous avez mal. wus‿a'we mal	Sie haben Schmerzen./ Es tut Ihnen weh.

SPRACHTIPP

Die Wörter *bien, mieux* und *mal* sind Adverbien. Ein Adverb beschreibt, wie man etwas tut, z. B. *Tu le fais bien* (Du machst das gut). Ihre Form bleibt immer gleich.

80	**être** ätr	sein
	suis ßüi	bin
	es ä	bist
	est ä	ist
	êtes ät	seid/sind [Sie]
	sont ßõ	sind [sie]
	était eˈtä	war [er/sie/es]
81	**avoir** aˈwoar	haben
	ai e	habe
	as a	hast
	avons aˈwõ	haben [wir]
	avez aˈwe	habt/haben [Sie]
82	**ai besoin de** e böˈsoẽ dö	brauche
	avons besoin de aˈwõ böˈsoẽ dö	brauchen [wir]
	avez besoin de aˈwe böˈsoẽ dö	braucht [ihr]/brauchen [Sie]
83	**aider** äˈde	helfen
	aide äd	helfe
84	**arriver** ariˈwe	(an)kommen/anreisen
	arrive aˈriw	komme/kommt [er/sie/es]; schaffe/schafft [er/sie/es]
	arrivez ariˈwe	reist [ihr] an/reisen [Sie] an
	arrivé ariˈwe	angereist, angekommen, passiert

85	**passer** paˈße	vorbeigehen; verbringen
	passe paß	verbringe; geht vorbei [er/sie/es]
	passes paß	bleibst/verbringst
	passons paˈßõ	bleiben/verbringen [wir]
	passez paˈße	bleibt/verbringt [ihr]; bleiben/verbringen [Sie]
	passé paˈße	verbracht, passiert

SPRACHTIPP

Die zusammengesetzte Vergangenheitsform (Perfekt) besteht, wie im Deutschen, aus zwei Teilen, nämlich aus dem gebeugten Verb *avoir* (haben) oder *être* (sein) und dem Partizip, z. B. *arrivé* (angereist/passiert), *passé* (verbracht/passiert).
Bei Verben, die ihre Vergangenheit mit *être* bilden, verhält sich das Partizip wie ein Adjektiv. Genau wie bei den Adjektiven wird für die weibliche Form ein *-e* und für die Mehrzahl ein *-s* angehängt.

86	**aimer** äˈme	mögen, lieben
	aimerais ämˈrä	möchte [ich]/möchtest
	aimerions ämˈrjõ	möchten [wir]
	aimeriez ämˈrje	möchtet/möchten [Sie]
87	**cassé** kaˈße	kaputt(gemacht), zerbrochen
88	**manger** mãˈ~~sch~~e	essen
	mange mã~~sch~~	esse
	manges mã~~sch~~	isst
	mangez mãˈ~~sch~~e	esst/essen [Sie]
89	**acheter** aschˈte	kaufen

90 **appeler** aˈple	anrufen
appelle aˈpäl	ruft an
appelé aˈple	angerufen
je m'appelle ~~sch~~ö maˈpäl	ich heiße
tu t'appelles tü taˈpäl	du heißt
nous nous appelons nu nus‿aˈplõ	wir heißen
vous vous appelez wu wus‿aˈple	ihr heißt/Sie heißen

SPRACHTIPP

Wie Sie sehen, gibt es eine Reihe von Verben, die in der Grundform auf *-er* enden, z. B. *aimer* (lieben). Die Formen der Gegenwart werden bei diesen Verben ganz regelmäßig gebildet: Man ersetzt die Endung *-er* durch *-e, -es, -e, -ons, -ez, -ent* und erhält so *j'aime* (ich liebe), *tu aimes* (du liebst), *il/elle aime* (er/sie/es liebt), *nous aimons* (wir lieben), *vous aimez* (ihr liebt/Sie lieben), *ils/elles aiment* (sie lieben).

91 **faire** fär	tun, machen; kosten
fais fä	mache/machst
fait fä	macht [er/sie/es]
faisons föˈsõ	machen [wir]
faites fät	macht [ihr]/machen [Sie]
font fõ	machen [sie]
fait fä	gemacht

92 **pouvoir** puˈwoar	können; dürfen
peux pö	kann [ich]/kannst
peut pö	kann [er/sie/es]
pouvons puˈwõ	können [wir]
pouvez puˈwe	könnt/können [Sie]
pouvais puˈwä	konnte [ich]
93 **prendre** prãdr	nehmen
prends prã	nehme/nimmst
prenons pröˈnõ	nehmen [wir]
prenez pröˈne	nehmt/nehmen [Sie]
pris pri	genommen
94 **ouvre** uwr	öffnet
ouvert uˈwär	geöffnet
95 **boire** boar	trinken
bois boa	trinke/trinkst
buvez büˈwe	trinkt [ihr]/trinken [Sie]
bu bü	getrunken
96 **perdre** pärdr	verlieren
perdu pärˈdü	verloren, verirrt
97 **plaît** plä	gefällt
s'il te plaît ßiltöˈplä	bitte [beim Duzen]
s'il vous plaît ßilwuˈplä	bitte [beim Siezen]
98 **voir** woar	sehen
vois woa	sehe/siehst
voit woa	sieht
voyons woaˈjõ	sehen [wir]
voyez woaˈje	seht/sehen [Sie]
vu wü	gesehen
99 **dire** dir	sagen
dis di	sage/sagst
dit di	sagt [er/sie/es]; gesagt
dites dit	sagt [ihr]/sagen [Sie]

100 **aller** aˈle	gehen; fahren
vais wä	gehe
vas wa	gehst
va wa	geht [er/sie/es]
allons aˈlõ	gehen [wir]
allez aˈle	geht [ihr]/gehen [Sie]
allé aˈle	gegangen

SPRACHTIPP

Das Verb *aller* wird im Französischen auch für die zusammengesetzte Zukunftsform verwendet. Diese Zukunftsform wird mit der jeweiligen Gegenwartsform von *aller* und der Grundform eines Verbs gebildet. Diese Zukunftsform beschreibt die unmittelbare Zukunft oder eine Absicht: *Je vais manger* bedeutet „Ich werde gleich essen“.

Von Mensch zu Mensch

Jemanden begrüßen

Egal, wie spät es ist, eine der folgenden Begrüßungen passt immer:

Salut. ßaˈlü	Hallo.
Bonjour. bõˈschur	Guten Tag/Guten Morgen.
Bonsoir. bõˈßoar	Guten Abend.

KULTURTIPP

Wenn Sie eine Person mit Nachnamen ansprechen, lautet die korrekte Anrede für einen Mann *Monsieur …* (möˈßjö), für eine verheiratete Frau *Madame …* (maˈdam) und für eine jüngere Frau *Mademoiselle …* (madmoaˈsäl, bedeutet auch Frau).
Wenn Ihnen der Name Ihres Gegenübers nicht bekannt ist, können Sie die höfliche Anrede *Bonjour Monsieur!* (für einen unbekannten Herrn) oder *Bonjour Madame!* (für eine unbekannte Dame) oder *Bonjour Mademoiselle!* (für eine unbekannte junge Frau) verwenden.

Sich verabschieden

Verabschieden können Sie sich entweder etwas förmlicher:

Au revoir. o‿röˈwoar	Auf Wiedersehen.
Bonsoir. bõˈßoar	Auf Wiedersehen [abends]; Gute Nacht.

KULTURTIPP

Bonjour sagt man in Frankreich auch schon am Vormittag, denn es bedeutet beides, „Guten Morgen“ und „Guten Tag“. *Bonsoir* kann man bis in die späten Nachtstunden sowohl zur Begrüßung als auch zur Verabschiedung verwenden. „Gute Nacht“ heißt ebenfalls *Bonsoir*. *Bonne nuit* (wörtlich „Gute Nacht“), was Sie vielleicht schon einmal gehört haben, sagt man übrigens nur zu Kindern, wenn sie ins Bett gehen.
Salut können Sie zu jeder beliebigen Tageszeit für die Begrüßung und die Verabschiedung verwenden, allerdings nur, wenn Sie Ihren Gesprächspartner duzen.

… oder auch etwas informeller:

Salut. ßa'lü	Tschüs.
A plus tard! a plü tar	Tschüs!/Bis später!
A plus! a plüß	Tschüs!/Bis nachher!
A tout à l'heure!* a tut‿a lör	Bis gleich/Bis später!

* Achtung feste Wendung:
A tout à l'heure! a tut‿a lör — Bis gleich!/Bis später!

KULTURTIPP

Franzosen siezen sich meistens, selbst wenn sie sich mit dem Vornamen ansprechen.
Das hierzulande so beliebte Händeschütteln findet man in Frankreich nur in formellen Situationen.
Unter Freunden und Verwandten bevorzugen die Franzosen je ein Küsschen auf die Wange, und zwar zur Begrüßung und zum Abschied. Die Anzahl der Küsschen – zwischen zwei und vier – hängt von der Region Frankreichs und der Vertrautheit der Gesprächspartner ab.

… und wenn Sie möchten auch bis zum Zeitpunkt Ihres Wiedersehens:

A ce soir! a ßö ßoar — Bis heute Abend!

Au revoir, à demain! o‿rö'woar a dö'mẽ — Tschüs! Bis morgen!

On se voit demain! õ ßö woa dö'mẽ — Wir sehen uns morgen!

A demain! a dö'mẽ — Bis morgen!

A demain soir! a dö'mẽ ßoar — Bis morgen Abend!

A une heure! a ün‿ör — Bis um eins!

A demain, une heure! a dö'mẽ ün‿ör — Bis morgen um eins!

A deux heures! a dös‿ör — Bis um zwei!

A demain, deux heures! a dö'mẽ dös‿ör — Bis morgen um zwei!

A … [Zahl] heures! a … ör — Bis um … Uhr!

A demain, … [Zahl] heures! a dö'mẽ … ör — Bis morgen um … Uhr!

SPRACHTIPP

Um Missverständnisse zu vermeiden, benutzt man in Frankreich für Zeitangaben vorzugsweise die 24-Stunden-Uhr. Die Zahlen finden Sie auf Seite 123.

A … [Wochentag] a — Bis …!

▶ **DIE WOCHENTAGE** finden Sie auf Seite 124.

Außerdem können Sie natürlich auch noch den Ort Ihres Wiedersehens benennen:

On se voit au … õ ßö woa o — Wir sehen uns im/etc. …!

restaurant
räßto'rã

bar
bar

café
ka'fe

théâtre
te'atr

KULTURTIPP

Im *café* bekommen Sie eine große Auswahl an Getränken, zu essen allerdings nur Snacks wie Chips, Erdnüsse, Toasts oder Sandwiches. In einem so genannten *café-bar-tabac* gibt es nur wenige Tische, denn meistens steht man an der Bar. Außerdem werden dort zusätzlich Zigaretten verkauft. Der *salon de thé* entspricht ungefähr dem deutschen Café mit dem üblichen Angebot an Kaffee, Kuchen, Eis, etc. Im *café-restaurant* kann man preiswert etwas trinken und einfache Speisen essen. Ins *restaurant* wiederum geht man ausschließlich zum Essen. Dort sollten Sie warten, bis die Bedienung Ihnen einen Platz zuweist.

Zum Abschied gibt man dem anderen gerne noch einen guten Wunsch mit auf den Weg:

Bonne journée! bɔn ~~sch~~urˈne — Einen schönen Tag noch!

A toi aussi, merci! — Danke, dir auch!
a toa oˈßi märˈßi

A vous aussi, merci! — Danke, euch/Ihnen auch!
a wus‿oˈßi märˈßi

SPRACHTIPP

Vous steht sowohl für die zweite Person Mehrzahl (ihr/euch) als auch für die höfliche Form (Sie/sich). Das Gleiche gilt für *votre* (euer/eure oder Ihr/Ihre). Damit das Buch für Sie möglichst übersichtlich bleibt, wird ab jetzt in der deutschen Übersetzung nur noch die höfliche Anrede „Sie“ (bzw. Ihr/Ihre) stehen.

Sich vorstellen

So können Sie sich oder andere Personen vorstellen:

Je m'appelle … ~~sch~~ö maˈpäl	Ich heiße …
Je suis … ~~sch~~ö ßüi	Ich bin …
Nous nous appelons … nu nus‿aˈplõ	Wir heißen …
C'est … [Name der Person, die Sie vorstellen möchten]. ßä	Das ist …
Ce sont … [Namen der Personen, die Sie vorstellen möchten]. ßö ßõ	Das sind …

Wenn Sie den Namen Ihres Gegenübers nicht kennen, sagen Sie einfach:

Comment t'appelles-tu? kɔˈmã taˈpäl tü	Wie heißt du?
Comment vous appelez-vous? kɔˈmã wus‿aˈple wu	Wie heißen Sie?
Moi, je m'appelle … Et toi? moa ~~sch~~ö maˈpäl … e toa	Ich heiße … Und du?
Moi, je m'appelle … Et vous? moa ~~sch~~ö maˈpäl … e wu	Ich heiße … Und Sie?

SPRACHTIPP

Moi und *toi* dienen in den vorangegangenen Sätzen zur Verstärkung und Betonung des Satzgegenstandes: *Moi, je m'appelle Pierre* (Ich heiße Pierre).
Man findet sie aber auch hinter *c'est* – *C'est toi, Pierre?* (Bist du das, Pierre?) – oder nach Präpositionen wie *avec* (mit) oder *pour* (für), z. B. *avec toi* (mit dir), *pour toi* (für dich).

Und sollten Sie den neuen Namen etwas später nicht mehr parat oder gleich nicht ganz verstanden haben, scheuen Sie sich nicht zu sagen:

Pardon, mais comment t'appelles-tu déjà?
parˈdõ mä kɔˈmã taˈpäl tü deˈ~~sch~~a
Es tut mir leid, aber wie heißt du doch gleich?

Pardon, mais comment vous appelez-vous déjà?
parˈdõ mä kɔˈmã wus‿aˈple wu deˈ~~sch~~a
Es tut mir leid, aber wie heißen Sie doch gleich?

Comment est-ce que tu t'appelles déjà?
kɔˈmã äßkö tü taˈpäl deˈ~~sch~~a
Wie heißt du doch gleich?

Comment est-ce que vous vous appelez déjà?
kɔˈmã äßkö wu wus‿aˈple deˈ~~sch~~a
Wie heißen Sie doch gleich?

Peux-tu me dire comment tu t'appelles?
pö tü mö dir kɔˈmã tü taˈpäl
Kannst du mir sagen, wie du heißt?

Pouvez-vous me dire comment vous vous appelez?
puˈwe wu mö dir kɔˈmã wu wus‿aˈple

Können Sie mir sagen, wie Sie heißen?

SPRACHTIPP

Im Französischen gibt es drei Möglichkeiten, eine Frage zu stellen: 1. Durch das Anheben der Stimme am Ende des Satzes: *Tu dis comment?* 2. Durch das Fragewort *est-ce que*, das vor den in der Wortstellung unveränderten Aussagesatz gestellt wird, z. B. *Comment est-ce que tu dis?* 3. Durch die Vertauschung von Verb und Satzgegenstand, zwischen die man dann noch einen Bindestrich setzt, z. B. *Comment dis-tu?*
Alle drei Fragen bedeuten im Deutschen einfach „Wie sagst du?".

Bei der Aussprache von Namen ist man oft sehr kritisch:

Ce n'est pas mal.
ßö nä pa mal

Das ist nicht schlecht.

C'est très bien! ßä trä bjẽ
Tu le dis très bien.
tü lö di trä bjẽ

Das ist sehr gut!
Du sprichst es sehr schön nach!

Vous le dites bien! wu lö dit bjẽ

Sie sprechen es gut nach!

SPRACHTIPP

Die bestimmten Artikel *le, la, les, l'* (vor einem Selbstlaut oder stummen h) können auch ein Wort im 4. Fall (Akkusativ; wen?) ersetzen. Sie richten sich dann in Geschlecht und Zahl nach dem Wort, für das sie stehen, z. B. *Je vois le magasin – Je le vois* (Ich sehe den Laden – Ich sehe ihn).

Sich bedanken

Hier sind einige der vielen Möglichkeiten, sich für etwas zu bedanken:

Merci. märˈßi	Danke.
Merci pour tout. märˈßi pur tu	Danke für alles.
Merci beaucoup. märˈßi boˈku	Vielen Dank.
Merci beaucoup pour tout. märˈßi boˈku pur tu	Vielen Dank für alles.
Un grand merci pour tout! ẽ grã märˈßi pur tu	Vielen, vielen Dank für alles!
J'aimerais te dire un grand merci. schämˈrä tö dir ẽ grã märˈßi	Ich möchte mich bei dir herzlich bedanken.
J'aimerais vous dire un grand merci pour tout. schämˈrä wu dir ẽ grã märˈßi pur tu	Ich möchte mich bei Ihnen für das alles herzlich bedanken.
Comment est-ce que je peux te dire merci? kɔˈmã äßkö schö pö tö dir märˈßi	Wie kann ich dir das je danken?

Comment est-ce que je peux vous dire merci?
kɔˈmã äßkö ~~schö~~ pö wu dir märˈßi

Wie kann ich Ihnen das je danken?

Sicherlich werden Sie nicht nur Dank aussprechen, sondern auch einmal selbst entgegennehmen. Vom Deutschen her liegt einem dann häufig ein „Bitte!“ auf der Zunge.

De rien! dö rjẽ — Bitte!/Gern geschehen!

Oui, merci! ui märˈßi — Ja, bitte!

KULTURTIPP

De rien (Bitte/Gern geschehen) sagt man im Französischen nur als Erwiderung auf einen Dank. „Ja, bitte!“ als Antwort auf ein Angebot heißt hingegen *Oui, merci*. Machen Sie sich aber deswegen keine unnötigen Sorgen: Am wichtigsten ist, dass Sie Ihren Bitten und Fragen das obligatorische *s’il vous plaît/s’il te plaît* hinzufügen.

Und so können Sie Menschen danken, die etwas für Sie getan haben:

Merci de faire tout ça pour moi.
märˈßi dö fär tu ßa pur moa

Danke, dass du/Sie das alles für mich tust/tun.

Merci d’avoir fait ça pour moi.
märˈßi daˈwoar fä ßa pur moa

Danke, dass du/Sie das für mich getan hast/haben.

SPRACHTIPP

Die zusammengesetzte Vergangenheitsform (Perfekt) besteht aus zwei Teilen, nämlich aus dem gebeugten Verb *avoir* (haben) oder *être* (sein) und dem Partizip, z. B. *avoir fait* (gemacht haben), *être allé* (gegangen sein).

Merci d'être avec moi.
märˈßi dätr aˈwäk moa
Danke, dass du/Sie bei mir bist/sind.

Merci beaucoup de m'aider.
märˈßi boˈku dö mäˈde
Besten Dank für Ihre/deine Hilfe.

Merci d'avoir pris le temps.
märˈßi daˈwoar pri lö tã
Danke, dass du dir/Sie sich Zeit genommen hast/haben.

Merci d'avoir passé beaucoup de temps avec moi.
märˈßi daˈwoar paˈße boˈku dö tã aˈwäk moa
Danke, dass du/Sie viel Zeit mit mir verbracht hast/haben.

Merci de m'appeler.
märˈßi dö maˈple
Danke für deinen/Ihren Anruf.

Merci de passer me voir.
märˈßi dö paˈße mö woar
Danke für deinen/Ihren Besuch.

Merci pour le bon temps passé avec vous! märˈßi pur lö bõ tã paˈße aˈwäk wu
Vielen Dank für die schöne Zeit bei Ihnen.

Merci pour cette bonne journée.
märˈßi pur ßät bɔn schurˈne
Danke für diesen schönen Tag!

SPRACHTIPP

Wenn Sie sich bedanken wollen, können Sie das Wort *merci* (danke) benutzen. *Merci de …* steht vor einem Verb: *Merci de m'appeler* (Danke für deinen/Ihren Anruf). *Merci pour …* und seltener *merci de …* stehen vor einem Substantiv: *Merci pour le bon repas* (Danke für das gute Essen).

… selbst wenn Ihnen alles schon als etwas zu viel vorkommt:

Merci beaucoup pour tout – mais c'est trop! märˈßi boˈku pur tu – mä ßä tro	Vielen Dank für alles – aber das ist zu viel!
Merci pour tout – mais c'est beaucoup trop! märˈßi pur tu – mä ßä boˈku tro	Danke für alles – aber das ist doch viel zu viel!
Merci, mais tu en fais trop*! märˈßi mä tü ã fä tro	Vielen Dank, aber du übertreibst!
Merci, mais vous en faites trop!** märˈßi mä wus‿ã fät tro	Vielen Dank, aber Sie übertreiben!

* Achtung feste Wendung:
Tu en fais trop. tü ã fä tro — Du übertreibst.

** Achtung feste Wendung:
Vous en faites trop. wus‿ã fät tro — Sie übertreiben.

Natürlich können Sie sich auch für ganz konkrete Dinge bedanken:

Merci pour ce beau cadeau. märˈßi pur ßö bo kaˈdo	Danke für das schöne Geschenk.
Merci beaucoup pour ce très beau cadeau. märˈßi boˈku pur ßö trä bo kaˈdo	Vielen Dank für dieses sehr hübsche Geschenk.
Merci pour ce bon repas/… märˈßi pur ßö bõ rpa	Danke für das gute. Essen/etc.

café
kaˈfe

fromage
froˈma~~sch~~

vin
wẽ

spectacle
ßpäkˈtakl

Verständigungsprobleme lösen

Wenn Sie einmal jemanden nicht verstanden haben, können Sie sagen:

Comment? kɔˈmã	Wie bitte?
Que dis-tu? kö di tü	Was sagst du?/Wie bitte?
Que dites-vous? kö dit wu	Was sagen Sie?/Wie bitte?
Qu'as-tu dit, s'il te plaît? ka tü di, ßiltöˈplä	Was hast du gesagt, bitte?
Qu'avez-vous dit, s'il vous plaît? kaˈwe wu di, ßilwuˈplä	Was haben Sie gesagt, bitte?

SPRACHTIPP

Das Wörtchen *que* dient in den letzten Sätzen als Fragewort (was): *Que vois-tu?* (Was siehst du?).
Nicht vergessen: Vor einem Selbstlaut wird *que zu qu'*, z. B. *Qu'as-tu dis?* (Was hast du gesagt?).

Wenn Sie einen Ausdruck o.Ä. in diesem Buch suchen müssen und das einen Moment dauert, können Sie sagen:

J'aimerais dire quelque chose. schäm'rä dir kälkö‿schos	Ich möchte etwas sagen.
J'ai besoin de temps pour dire quelque chose. sche bä'soẽ dö tã pur dir kälkö‿schos	Ich brauche einen Augenblick, um etwas zu sagen.
Prends le temps! prã lö tã	Lass dir Zeit!
Prenez votre temps. prö'ne wotr tã	Lassen Sie sich ruhig Zeit!
Moi aussi, j'ai le temps. moa o'ßi sche lö tã	Ich habe auch Zeit.
Mais prends le temps! mä prẽ lö tã	Aber lass dir ruhig Zeit!

SPRACHTIPP

In den obigen Sätzen steht die Befehlsform. Diese bildet man im Französischen bei den regelmäßigen Verben auf *-er* mit den folgenden Formen der Gegenwart: *Aide!* (Einzahl, „Hilf!"), *Aidez!* (Helft!/Helfen Sie!). Die anderen Verben haben Sonderformen wie hier z. B. *prendre* (nehmen): *Prends!* (Nimm!) *Prenez!* (Nehmt/Nehmen Sie!).

Wenn Sie nach dem Wort für etwas Bestimmtes suchen, können Sie sich durch Gesten in Kombination mit den folgenden Sätzen dabei helfen lassen:

Qu'est-ce que c'est?
käßkö'ßä
Was ist das?

C'est un … [zeigend] ♂
ßät‿ẽ
Ist das ein …?

C'est une … [zeigend] ♀
ßät‿ün
Ist das eine …?

Comment dis-tu pour ça, s'il te plaît?
kɔ'mã di tü pur ßa, ßiltö'plä
Wie nennst du das, bitte?

Comment dites-vous pour ça, s'il vous plaît? kɔ'mã dit wu pur ßa, ßilwu'plä
Wie nennen Sie das, bitte?

Aide-moi à dire ça.
äd moa a dir ßa
Hilf mir, das da zu benennen.

Aidez-moi à le dire!
ä'de moa a lö dir
Helfen Sie mir, es zu sagen!

Vielleicht sind Sie sich einmal nicht sicher, ob Sie das richtige Wort mit der korrekten Aussprache benutzt haben und ob Ihr Gesprächspartner Sie richtig verstanden hat:

Ce n'est pas un ... ♂ [Wiederholung des Wortes]?
ßö nä pas‿ẽ
Ist das nicht ein ...?

Ce n'est pas une ... ♀ [Wiederholung des Wortes]?
ßö nä pas‿ün
Ist das nicht eine ...?

Ce n'est pas du tout ça, non?
ßö nä pa dü tu ßa, nõ
Das war jetzt ganz falsch, oder?

SPRACHTIPP

Kombiniert mit einer Verneinung, verstärkt das Wort *tout* (alles) diese Verneinung: *ne ... pas du tout* bedeutet dann „gar nicht", z. B. *Je ne bois pas du tout* (Ich trinke gar nicht).

Pardon, mais je n'arrive pas bien à le dire.
par'dõ mä s̶c̶h̶ö na'riw pa bjẽ a lö dir
Tut mir leid, aber ich schaffe es nicht, das gut auszusprechen.

Oui, je vois. ui s̶c̶h̶ö woa
Ja, ich verstehe, was Sie meinen.

Non, je ne vois pas.
nõ s̶c̶h̶ö nö woa pa
Nein, ich verstehe nicht, was Sie meinen.

Smalltalk

Das Befinden

Man erkundigt sich in Frankreich viel und gerne nach dem Befinden seiner Mitmenschen – auch wenn niemand eine sehr ausführliche Antwort erwartet. Die Standardfrage lautet also:

Comment vas-tu? kɔˈmã wa tü	Wie geht es dir?
Comment allez-vous? kɔˈmãt‿aˈle wu	Wie geht es Ihnen?

Wenn es ein bisschen lockerer klingen soll, können Sie auch fragen:

Ça va? ßa wa	Wie geht's, wie steht's?
Comment ça va? kɔˈmã ßa wa	Wie geht's?
Comment vas-tu aujourd'hui? kɔˈmã wa tü oschurˈdüi	Wie geht es dir heute?
Comment allez-vous aujourd'hui? kɔˈmãt‿aˈle wu oschurˈdüi	Wie geht es Ihnen heute?

KULTURTIPP

In Frankreich beginnt man ein Gespräch sehr oft mit der Frage *Comment allez-vous?* bzw. *Comment vas-tu?* Wenn man sich gut kennt, fragt man aber meistens nur *Ça va?* Man kann darauf entweder mit einem höflichen *Et vous?* (Und Ihnen?) bzw. *Et toi?* (Und dir?) oder einfach mit *Ça va.* (Gut.) antworten. Das Gespräch kann dann so oder ähnlich verlaufen: *Ça va?* (Wie geht's?) – *Oui, ça va.* (Gut, danke.) *Et toi, ça va?* (Und dir?) – *Très bien, merci.* (Sehr gut, danke).

Wenn es jemandem vorher nicht so gut ging, können Sie sagen:

Ça va mieux?
ßa wa mjö
Geht es dir/Ihnen denn besser?

Tu vas mieux aujourd'hui?
tü wa mjö oschurˈdüi
Geht es dir heute denn besser?

Vous allez mieux aujourd'hui?
wus‿aˈle mjö oschurˈdüi
Geht es Ihnen heute denn besser?

Demain, ça va aller mieux.
döˈmẽ ßa wa aˈle mjö
Morgen wird es dir/Ihnen besser gehen.

Tu vas déjà mieux?
tü wa deˈscha mjö
Geht es dir schon wieder besser?

Vous allez déjà mieux?
wus‿aˈle deˈscha mjö
Geht es Ihnen schon wieder besser?

Aujourd'hui, c'est déjà mieux.
oschurˈdüi ßä deˈscha mjö
Heute sieht es schon besser aus.

Aujourd'hui, c'est déjà beaucoup mieux.
oschurˈdüi ßä deˈscha boˈku mjö
Heute sieht es schon viel besser aus.

SPRACHTIPP

Sie fragen sich bestimmt, warum manche Sätze zweimal Formen des Verbs *aller* (gehen) enthalten, wie z. B. *Demain, ça va aller mieux* (Morgen wird es dir/Ihnen besser gehen). Es handelt sich hierbei um eine zusammengesetzte Zukunftsform. Sie wird mit der jeweiligen Gegenwartsform von *aller* – hier *va* – und der Grundform eines Verbs – hier eben noch mal *aller* – gebildet. Diese Zukunftsform beschreibt die unmittelbare Zukunft oder eine Absicht: *Je vais manger* bedeutet „Ich werde gleich essen".

Meistens wird die Frage nach dem Befinden positiv beantwortet:

Très bien, merci. trä bjẽ märˈßi	Sehr gut, danke.
Je vais bien, merci. ~~sch~~ö wä bjẽ märˈßi	Es geht mir gut, danke.
Ça va, merci. ßa wa märˈßi	Gut, danke.
Ça va. ßa wa	Gut.
Oui. Et toi? ui. e toa	Gut. Und dir?
Oui, merci. Et vous? ui märˈßi. e wu	Gut, danke. Und Ihnen?
Ça ne peut pas aller mieux! ßa nö pö pas‿aˈle mjö	Es könnte nicht besser sein!
Je vais de mieux en mieux*. ~~sch~~ö wä dö mjös‿ã mjö	Es geht stetig nach oben/ immer besser.
Ça ne va pas trop mal. ßa nö wa pa tro mal	Ich kann nicht klagen.
Tout va bien. tu wa bjẽ	Alles in Ordnung.

Natürlich kann die Antwort aber auch einmal nicht so positiv ausfallen:

Pas très bien. pa trä bjẽ	Nicht sehr gut.
Pas bien du tout. pa bjẽ dü tu	Es geht mir gar nicht gut.
Ça ne va pas. ßa nö wa pa	Es geht mir schlecht.

* Achtung feste Wendung:
de mieux en mieux dö mjös‿ã mjö — immer besser

Ça ne va pas du tout. ßa nö wa pa dü tu	Mir geht es elend.
Non, ça ne va pas bien. nõ ßa nö wa pa bjẽ	Nein, mir geht es nicht gut.
Tout va mal. tu wa mal	Es läuft alles schief.
Non, ça ne va pas mieux. nõ ßa nö wa pa mjö	Nein, es geht mir nicht besser.
Ça peut aller! ßa pö a'le	Es geht so.
Je ne vais pas bien. schö nö wä pa bjẽ	Es geht mir nicht gut.

Herkunft

Die Herkunft ist gerade im Urlaub häufig eines der ersten Themen, die sich ergeben. Fragen dazu können Sie folgendermaßen stellen und beantworten:

D'où es-tu? du ä tü	Woher kommst du?
D'où êtes-vous? du ät wu	Woher kommen Sie?

SPRACHTIPP

Wollen Sie fragen, woher Ihr Gegenüber kommt, dann sagen Sie: *D'où es-tu?* (Woher kommst du?). *D'où* ist eigentlich die Zusammensetzung von *de* (von) und *où* (wo). Wegen des Selbstlauts (o) wird *de* verkürzt zu *d'*.

Je suis d'Allemagne*. ~~sch~~ö ßüi dal'manj	Ich komme aus Deutschland.
Et où en Allemagne?** e u ãn‿al'manj	Und wo in Deutschland?
Je suis de … [Name der Stadt]. ~~sch~~ö ßüi dö	Ich bin aus … [Name der Stadt]
C'est loin de … [Stadt]? ßä loẽ dö	Ist das weit von … [Stadt]?
Non, ce n'est pas très loin de … nõ ßö nä pa trä loẽ dö	Nein, das ist nicht sehr weit von …

SPRACHTIPP

Vor Ländernamen steht im Französischen meistens *en* und vor Namen von Städten meistens *à*, und zwar unabhängig davon, ob man schon da ist oder hinfährt: *Je suis en Allemagne – Je vais en Allemagne* (Ich bin in Deutschland – Ich fahre nach Deutschland) oder *Il est à Munich – Il va à Munich* (Er ist in München – Er fährt nach München).

---

*	**d'Autriche** do'trisch	aus Österreich
	de Suisse dö ßüiß	aus der Schweiz
**	**en Autriche** än‿o'trisch	in Österreich
	en Suisse ã ßüiß	in der Schweiz

Möglicherweise ist Ihre Stadt oder Ihr Ort im Ausland gar nicht so unbekannt, wie Sie vielleicht dachten. Oder der Herkunftsort Ihres Gegenübers ist Ihnen auch schon ein Begriff:

J'y suis déjà allé! ♂ schi ßüi deˈscha aˈle	Dort war ich schon einmal!
J'y suis déjà allée! ♀ schi ßüi deˈscha aˈle	Dort war ich schon einmal.
Je suis déjà allé en … [Land]! ♂ schö ßüi deˈscha aˈle ã	Ich bin schon einmal nach … [Land] gefahren!
Je suis déjà allé à … [Stadt]! ♂ schö ßüi deˈscha aˈle a	Ich bin schon einmal nach … [Stadt] gefahren!
J'aime beaucoup cette ville. schäm boˈku ßät wil	Ich mag diese Stadt sehr.
J'aimerais beaucoup y aller! schämˈrä boˈkup‿jaˈle	Ich möchte gerne mal dorthin!
J'aime bien l'Allemagne*. schäm bjẽ lalˈmanj	Ich mag Deutschland sehr.
Nous aimons beaucoup l'Allemagne! nus‿äˈmõ boˈku lalˈmanj	Wir mögen Deutschland sehr!

* **l'Autriche** loˈtrisch — Österreich
la Suisse la ßüiß — die Schweiz

SPRACHTIPP

Suis allé ist die zusammengesetzte Vergangenheitsform (Perfekt) des Verbs *aller* (gehen). Wie im Deutschen besteht diese Form aus zwei Teilen, nämlich aus dem gebeugten Verb *avoir* (haben) oder *être* (sein) und dem Partizip (hier: *allé* – gegangen).
Bei Verben, die ihre Vergangenheit mit *être* bilden, verhält sich das Partizip wie ein Adjektiv, d. h. es passt sich dem Satzgegenstand an: *je suis allé* [ein Mann spricht], *je suis allée* [eine Frau spricht], *nous sommes allés* [mehrere Männer sprechen], *nous sommes allées* [mehrere Frauen sprechen]. Genau wie bei den Adjektiven wird hier für die weibliche Form ein *-e* und für die Mehrzahl ein *-s* angehängt.

Dans cette ville, j'aime les magasins/…!
dã ßät wil ~~sch~~äm le magaˈsẽ

Ich liebe diese Stadt für ihre Geschäfte/…!

hôtels
oˈtäl

restaurants
räßtoˈrã

monuments
monüˈmã

musées
müˈse

Heikle Themen

Falls Sie doch einmal befürchten sollten, durch eine Frage oder ein bestimmtes Thema Ihrem Gesprächspartner zu nahe getreten zu sein, können Sie sich so entschuldigen:

Oh, pardon! Je vois que ça ne vous plaît pas. o parˈdõ! s̶c̶h̶ö woa kö ßa nö wu plä pa	Oh, tut mir leid – ich sehe, dass Ihnen das nicht gefällt.
Bon*, je vois que ça va trop loin. bõ s̶c̶h̶ö woa kö ßa wa tro loẽ	Also, ich sehe ein, dass das zu weit führen würde.

SPRACHTIPP

Neben „was“ bedeutet das Wörtchen *que* auch „dass“, in Sätzen wie *Je vois que tu vas bien* (Ich sehe, dass es dir gut geht).

Urlaubsgeplauder

Nachfolgend lernen Sie auszudrücken, wie es Ihnen an Ihrem Urlaubsort zurzeit gefällt und wie Sie Ihre Erfahrungen mit anderen Menschen austauschen können:

Ça te plaît ici? ßa tö plä iˈßi	Gefällt es dir hier?
Ça vous plaît ici? ßa wu plä iˈßi	Gefällt es Ihnen hier?
Oui, ça me plaît beaucoup. ui ßa mö plä boˈku	Ja, es gefällt mir sehr gut.

* Am Anfang eines Satzes bedeutet das Adjektiv *bon* (gut) in etwa „Also …“ oder „Na, schön …“.

Oui, à toi aussi? ui a toa oˈßi	Ja. Dir auch?
Oui, à vous aussi? ui a wus‿oˈßi	Ja. Ihnen auch?
Oui, c'est très bien! ui ßä trä bjẽ	Ja, es ist sehr schön!
Oui, tout me plaît beaucoup ici. ui tu mö plä boˈkup‿iˈßi	Ja, mir gefällt alles sehr gut hier.
Ici, c'est mieux qu'à … [Stadt]. iˈßi ßä mjö ka	Es ist hier besser als in …
Ici, c'est mieux qu'en … [Land]. iˈßi ßä mjö kã	Es ist hier besser als in …
C'est aussi bien qu'à … [Stadt]. ßät‿oˈßi bjẽ ka	Es ist genauso schön wie in …
C'est aussi bien qu'en … [Land]. ßät‿oˈßi bjẽ kã	Es ist genauso schön wie in …

SPRACHTIPP

Wollen Sie zwei Sachen vergleichen, brauchen Sie wieder das Wörtchen *que* (als/wie), z. B. *Il est aussi grand que moi* (Er ist so groß wie ich) oder *C'est mieux qu'en Allemagne* (Es ist besser als in Deutschland).

J'aime beaucoup … [Stadt]. ~~sch~~äm boˈku	Ich mag … [Stadt] sehr.
Je suis très content d'être ici. ♂ ~~sch~~ö ßüi trä kõˈtã dätr iˈßi	Ich bin sehr froh, hier zu sein.
Je suis très contente d'être ici. ♀ ~~sch~~ö ßüi trä kõˈtãt dätr iˈßi	Ich bin sehr froh, hier zu sein.

Je suis très content des … ♂
~~sch~~ö ßüi trä kõ'tã de

Ich bin sehr zufrieden mit den …

restaurants
räßto'rã

discothèques
dißko'täk

plages
pla~~sch~~

pistes de ski
pißt dö ßki

Leider hat man aber manchmal auch Pech oder es war woanders einfach noch schöner:

Ça ne te plaît pas ici?
ßa nö tö plä pas‿i'ßi

Gefällt es dir hier nicht?

Ça ne vous plaît pas ici?
ßa nö wu plä pas‿i'ßi

Gefällt es Ihnen hier nicht?

Tu n'aimes pas trop ici?
tü näm pa trop‿i'ßi

Gefällt es dir hier nicht so gut?

Vous n'aimez pas ici?
wu nä'me pas‿i'ßi

Gefällt es Ihnen hier nicht?

Non, ça ne me plaît pas.
nõ ßa nö mö plä pa

Nein, es gefällt mir nicht.

Non, ça ne me plaît pas du tout.
nõ ßa nö mö plä pa dü tu

Nein, es gefällt mir überhaupt nicht.

C'était mieux à … [Stadt]
ße'tä mjös a

In … war es wesentlich schöner.

C'était mieux en … [Land]
ße'tä mjös ã

In … war es wesentlich schöner.

Quand c'était? kã ßeˈtä	Und wann war das?
C'était en … [Jahreszahl]. ßeˈtät‿ã	Das war …
C'était mieux en … [Jahreszahl] ßeˈtä mjös‿ã	… [Jahreszahl] war es wesentlich schöner.

SPRACHTIPP

Die Vergangenheitsform (Imperfekt) von *est* (ist) lautet *était* (war). Es handelt sich hier um eine unregelmäßige Form.

Qu'est-ce que tu n'aimes pas? käßkö tü näm pa	Was magst du denn hier nicht?
Qu'est-ce que vous n'aimez pas? käßkö wu näˈme pa	Was mögen Sie denn hier nicht?
A … [Ortsname], le temps était beaucoup mieux. a … lö tã eˈtä boˈku mjö	In … war das Wetter viel besser.

SPRACHTIPP

Mit den Zahlen, die Sie auf Seite 123 finden, können Sie ganz leicht eine Jahreszahl bilden:
Für das vorige Jahrhundert haben Sie zwei Möglichkeiten. Für 1965 nehmen Sie entweder *mille neuf cent* (tausend neunhundert) oder *dix-neuf cent* (neunzehn hundert), dann die Zehnerstelle (für 65 wäre das die 60, also *soixante*) und fügen dann einen Bindestrich vor der Einerstelle an (bei 65 wäre das *soixante-cinq*). 1965 heißt auf Französisch also *mille neuf cent soixante-cinq* (mil nöf ßã ßoa'ßãt ßẽk) oder *dix-neuf cent soixante-cinq* (dis nöf ßã ßoa'ßãt ßẽk).
Ab dem Jahr 2000 verwendet man nur *deux mille* (zweitausend); 2005 heißt daher *deux mille cinq* (dö mil ßẽk).
Im Gegensatz zum Deutschen steht im Französischen vor der Jahreszahl immer das Wort *en* (=in).

Und so können Sie sich über die persönliche Gestaltung Ihres Urlaubs unterhalten. Brauchen Sie eher Erholung oder Action?

Qu'est-ce qu'on fait? käßkõ fä	Was machen wir denn?
C'est très bien de faire tout ça. ßä trä bjẽ dö fär tu ßa	Das ist doch toll, so viel zu unternehmen.
Je ne vais pas très tard au lit. schö nö wä pa trä tar o li	Ich gehe nicht sehr spät ins Bett.
Je ne vais pas tard au lit – et toi? schö nö wä pa tar o li – e toa	Ich gehe nicht spät ins Bett – und du?
Non, nous n'allons pas tard au lit – et vous? nõ nu na'lõ pa tar o li – e wu	Nein, wir gehen nicht spät schlafen – und Sie?

Moi, je n'ai pas de temps à perdre. moa ~~sch~~ö ne pa dö tã a pärdr	Also, ich habe wirklich keine Zeit zu verlieren.
Qu'est-ce que tu aimes faire? käßkö tü äm fär	Was machst du denn gerne?
Qu'est-ce que vous aimez faire? käßkö wus‿äˈme fär	Was machen Sie denn gerne?
J'aime manger. ~~sch~~äm mãˈ~~sch~~e	Ich esse gerne.
J'aime faire à manger*. ~~sch~~äm fär a mãˈ~~sch~~e	Ich koche gerne.
J'aime aller en ville. ~~sch~~äm aˈler‿ã wil	Ich gehe sehr gerne in die Stadt.
J'aime faire les magasins.** ~~sch~~äm fär le magaˈsẽ	Ich bummle gerne durch die Geschäfte.
J'aime prendre le temps. ~~sch~~äm prãdr lö tã	Ich lasse mir gerne viel Zeit.
J'aime avoir du temps pour moi. ~~sch~~äm aˈwoar dü tã pur moa	Ich habe gerne Zeit für mich.

---

* Achtung feste Wendung:
faire à manger fär a mãˈ~~sch~~e — kochen

** Achtung feste Wendung:
faire les magasins fär lẽ magaˈsẽ — bummeln

Oder Sie unterhalten sich darüber, wie lange die schöne Zeit noch dauert:

Combien de temps passes-tu en tout ici? kõˈbjẽ dö tã paß tü ã tu iˈßi	Wie lange bleibst du denn insgesamt hier?
Combien de temps passez-vous en tout ici? kõˈbjẽ dö tã paˈße wu ã tu iˈßi	Wie lange bleiben Sie denn insgesamt hier?
Je passe … [Zahl] nuits – et toi? schö paß … nüi – e toa	Ich bleibe … [Zahl] Nächte – und du?
Je passe … [Zahl] nuits – et vous? schö paß … nüi – e wu	Ich bleibe … [Zahl] Nächte – und Sie?
Je suis arrivé … [Wochentag] – et toi? ♂ schö ßüis‿ariˈwe … – e toa	Ich bin am … [Wochentag] angereist – und du?
Je suis arrivée … [Wochentag] – et vous? ♀ schö ßüis‿ariˈwe … – e wu	Ich bin am … [Wochentag] angereist – und Sie?

SPRACHTIPP

Im Gegensatz zum Deutschen stehen die Wochentagsangaben im Französischen ohne eine Präposition, z. B. *Je suis arrivé lundi* (Ich bin am Montag angereist). Die Wochentage zum Einsetzen finden Sie auf Seite 124.

Das Wetter

Auch das hoffentlich schöne französische Wetter bietet sich als dankbares Gesprächsthema für den Sommer- oder Winterurlaub an. Ob man es gerade als angenehm empfindet:

Il va faire quel temps aujourd'hui? il wa fär käl tã o~~sch~~urˈdüi	Wie wird das Wetter heute werden?
Il va faire quel temps demain? il wa fär käl tã döˈmẽ	Wie wird das Wetter morgen werden?
Il va faire beau*. il wa fär bo	Es wird schön werden.
Il fait beau aujourd'hui. il fä bo o~~sch~~urˈdüi	Heute ist schönes Wetter.
Il fait très beau aujourd'hui. il fä trä bo o~~sch~~urˈdüi	Heute ist sehr schönes Wetter.
Aujourd'hui, il fait une très belle journée! o~~sch~~urˈdüi il fät‿ün trä bäl ~~sch~~urˈne	Was für ein wunderschöner Tag heute doch ist!
Il fait aussi beau en Allemagne?** il fät‿oˈßi bo ãn‿alˈmanj	Ist in Deutschland das Wetter auch so schön?
Il va faire très beau demain aussi. il va fär trä bo döˈmẽ oˈßi	Morgen wird es wieder ein wunderschöner Tag werden!

---

* Achtung feste Wendung:
Il fait beau. il fä bo — Es ist schönes Wetter.

** **en Autriche** än‿oˈtrisch — in Österreich
en Suisse ã ßüiß — in der Schweiz

J'aime bien ce temps! schäm bjẽ ßö tã	Ich mag dieses Wetter sehr!
Quel beau temps! käl bo tã	Was für herrliches Wetter!

… oder doch als eher unangenehm:

Quel temps! käl tã	Was für ein Hundewetter!
Il ne va pas faire beau. il nö wa pa fär bo	Das Wetter wird schlecht.
Il ne fait pas beau aujourd'hui. il nö fä pa bo oschurˈdüi	Heute ist schreckliches Wetter.
Il ne fait pas beau du tout! il nö fä pa bo dü tu	Das Wetter ist absolut grauenvoll!
Je n'aime pas ce temps! schö näm pa ßö tã	Ich hasse dieses Wetter!
Il fait plus beau en Allemagne*? il fä plü bo ãn‿alˈmanj	Ist das Wetter in Deutschland besser?
Il ne fait pas très beau aujourd'hui, mais on fait avec!** il nö fä pa trä bo oschurˈdüi, mäs‿õ fä aˈwäk	Das Wetter ist nicht sehr schön heute, aber wir machen das Beste daraus!

---

* **en Autriche** än‿oˈtrisch — in Österreich
en Suisse ã ßüiß — in der Schweiz
** Achtung feste Wendung:
on fait avec õ fä aˈwäk — wir machen das Beste daraus

Komplimente und Lob

Wer würde sich nicht ab und zu über ein kleines Kompliment freuen? So geht's auf Französisch:

Tu le fais bien. tü lö fä bjẽ	Das machst du gut!
Vous le faites très bien. wu lö fät trä bjẽ	Das machen Sie wirklich sehr gut!
Tu fais du mieux que tu peux. tü fä dü mjö kö tü pö	Ich sehe, dass du dein Bestes tust.
Vous faites de votre mieux. wu fät dö wotr mjö	Sie tun wirklich Ihr Bestes.
Tu es beau aujourd'hui. ♂ tü ä bo oschur'düi	Du siehst heute gut aus.
Tu es belle aujourd'hui. ♀ tü ä bäl oschur'düi	Du siehst heute gut aus.
Vous êtes beau. ♂ wus‿ät bo	Sie sehen gut aus.
Vous êtes belle. ♀ wus‿ät bäl	Sie sehen gut aus.

SPRACHTIPP

In der Sie-Form (*vous*) steht das Adjektiv in der Einzahl, da ja nur eine Person angesprochen wird. Es richtet sich außerdem nach dem Geschlecht der Person, die gemeint ist: *Vous êtes beau* können Sie also nur zu einem Mann sagen; *Vous êtes belle* nur zu einer Frau.

Ça te va très bien. ßa tö wa trä bjẽ	Das steht dir sehr gut.
Ça vous va bien. ßa wu wa bjẽ	Das steht Ihnen gut.

Ça me plaît beaucoup!
ßa mö plä boˈku

Das gefällt mir sehr!

Ce … vous va bien.
ßö … wu wa bjẽ

Dieser …/etc. steht Ihnen gut.

pull
pül

pantalon
pãtaˈlõ

t-shirt
tiˈschört

short
schɔrt

SPRACHTIPP

Scheuen Sie sich nicht, bei unbekannten Dingen/Wörtern einfach mit einer Geste auf das Gemeinte zu verweisen – auf diese Art und Weise wird Ihr Wortschatz noch einmal größer und Sie können vieles ausdrücken.

Das Adjektiv *beau* lässt sich auf fast alles anwenden, was man Ihnen vielleicht stolz zeigen oder vorführen wird:

Que c'est beau! kö ßä ˈbo — Wie schön!

SPRACHTIPP

Wenn Sie über etwas Schönes, Gutes staunen, hilft Ihnen der obige Ausdruck mit *que*. Sagen Sie: *Que c'est beau!* (Wie schön!), *Que c'est bon!* (Wie gut!/Wie lecker!).

Quel beau cadeau!
käl bõ ka'do

Was für ein schönes Geschenk!

C'est beau! ßä bo

Das ist schön.

C'est très beau! ßä trä bo

Das ist wunderschön.

C'est très très beau!
ßä trä trä bo

Das sieht wirklich klasse aus!

SPRACHTIPP

Nein, wir haben uns nicht vertippt! Um auszudrücken, dass sie etwas ganz besonders toll finden, wiederholen die Franzosen gerne das Wörtchen *très* (sehr) mehrmals hintereinander: *C'est très très très beau* – „Das ist ja wirklich seeehr schön". Im Deutschen würde man vielleicht das Wort „sehr" in die Länge ziehen, im Französischen gilt: Je größer die Begeisterung, desto mehr *très*.

C'est un très beau cadeau/...!
ßät‿ẽ trä bo ka'do

Das ist aber ein sehr schönes Geschenk/...!

chien
schjẽ

pull
pül

pantalon
pãta'lõ

sac à main
ßak‿a mẽ

Das Wort *bon* können Sie immer wieder besonders rund um das Thema Essen verwenden – die Franzosen selber machen es ganz genauso!

C'est un très bon repas.
ßät‿ẽ trä bõ rpa

Das ist ein sehr gutes Essen.

C'est une très bonne boisson.
ßät‿ün trä bɔn boaˈßõ

Das ist ein sehr gutes Getränk.

Où peut-on acheter cette bonne boisson?
u pöt ‿õ aschˈte ßät bɔn boaˈßõ

Wo kann ich dieses gute Getränk kaufen?

Ce repas/… est très bon.
ßö rpa/… ä trä bõ

Dieses Essen/… ist sehr gut.

chocolat
schokoˈla

fromage
froˈmasch

vin
wẽ

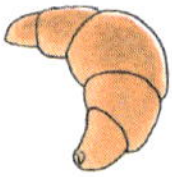

croissant
kroaˈßã

KULTURTIPP

Die Franzosen sind zwar bekannte Feinschmecker, aber auf das Frühstück (*petit-déjeuner*) legen sie nicht viel Wert. Ein klassisches Frühstück besteht daher in der Regel nur aus einem Kaffee und eventuell einem Croissant. Die Franzosen essen dafür zweimal am Tag warm, zum Mittagessen (*déjeuner*) und Abendessen (*dîner*).

Unterkunft

Zimmersuche

So können Sie sich nach einer Unterkunft erkundigen:

J'aimerais avoir une chambre pour cette nuit. scheämˈräs‿aˈwoar ün schãbr pur ßät nüi	Ich hätte gerne ein Zimmer für heute Nacht.
J'ai besoin d'une chambre pour ce soir. sche böˈsoẽ dün schãbr pur ßö ßoar	Ich brauche ein Zimmer für heute Abend.
Nous avons besoin d'une chambre non loin de … [Stadt]. nus‿aˈwõ böˈsoẽ dün schãbr nõ loẽ dö	Wir brauchen ein Zimmer irgendwo in der Nähe von … [Stadt].
J'ai besoin d'une chambre en ville. sche böˈsoẽ dün schãbr ã wil	Ich brauche ein Zimmer in der Innenstadt.
Je n'ai pas de chambre pour ce soir. schö ne pa dö schãbr pur ßö ßoar	Ich habe für diese Nacht kein Zimmer (frei).
Je vois, vous ne pouvez pas nous aider. schö woa wu nö puˈwe pa nus‿äˈde	Ich verstehe, Sie können uns nicht weiterhelfen.
Vous avez une chambre pour nous ce soir? wus‿aˈwes‿ün schãbr pur nu ßö ßoar	Haben Sie für uns heute Abend noch ein Zimmer?

KULTURTIPP

Neben Hotels gibt es in Frankreich viele andere Übernachtungsmöglichkeiten, die ebenfalls in den Verzeichnissen des *office de tourisme* (Fremdenverkehrsamt) zu finden sind: die *chambres d'hôte* (Gästezimmer) bieten Übernachtung, Frühstück und auch manchmal Abendessen in einem Privathaushalt. Ein *gîte* ist eine möblierte Ferienwohnung. Und beim *camping à la ferme* zeltet man auf dem Grundstück eines Bauern.

Um einen schönen Urlaub zu genießen, lohnt es sich, Zimmer und Preise zu vergleichen:

Une chambre pas trop chère, s'il vous plaît! ün schãbr pa tro schär, ßilwu'plä	Ein nicht zu teures Zimmer bitte!
J'ai besoin d'une chambre pas très chère. sche bö'soẽ dün schãbr pa trä schär	Ich brauche ein Zimmer, das nicht zu teuer ist.
La chambre peut faire au plus … €. la schãbr pö fär o plüß … ö'ro	Das Zimmer darf höchstens … € kosten.
La nuit peut faire au plus … €. la nüi pö fär o plüß … ö'ro	Die Nacht darf höchstens … € kosten.

▶ **DIE ZAHLEN** finden Sie auf Seite 123.

An der Rezeption

Vielleicht haben Sie bereits im Voraus ein Zimmer reserviert:

La chambre pour ... [Ihr Name], s'il vous plaît!
la schãbr pur ..., ßilwu'plä
Das Zimmer auf den Namen ... [Ihr Name] bitte!

Vous avez une chambre pour moi! wus‿a'we ün schãbr pur moa
Für mich ist bei Ihnen ein Zimmer vorbestellt.

Quelle est la chambre pour nous? käl‿ä la schãbr pur nu
Welches Zimmer haben wir?

Auch ohne Reservierung lässt sich aber hoffentlich etwas finden. So können Sie genau beschreiben, was Sie suchen:

Nous aimerions avoir une chambre avec un grand lit, s'il vous plaît.
nus‿äm'rjõs‿a'woar ün schãbr a'wäk ẽ grã li, ßilwu'plä
Wir hätten gerne ein Doppelzimmer.

Nous aimerions avoir une grande chambre avec un grand lit.
nus‿äm'rjõs‿a'woar ün grãd schãbr a'wäk ẽ grã li
Wir hätten gerne ein großes Doppelzimmer.

Nous aimerions avoir une petite chambre avec un grand lit.
nus‿äm'rjõs‿a'woar ün ptit schãbr a'wäk ẽ grã li
Wir hätten gerne ein kleines Doppelzimmer.

Est-ce que les lits sont grands?
äßkö le li ßõ grã
Sind die Betten groß?

Nous avons besoin de deux lits. nus‿a'wõ bö'soẽ dö dö li
Wir brauchen getrennte Betten.

Bon, nous prenons une chambre avec deux lits. bõ nu prö'nõ ün schãbr a'wäk dö li
Also, wir nehmen ein Doppelzimmer mit getrennten Betten.

Une grande chambre avec un grand lit pour nous et un petit lit pour le petit, s'il vous plaît! ün grãd schãbr a'wäk ẽ grã li pur nu e ẽ pti li pur lö pti, ßilwu'plä
Ein großes Doppelzimmer mit einem Eltern- und einem Kinderbett, bitte!

Nous avons besoin de deux chambres. nus‿a'wõ bö'soẽ dö dö schãbr
Wir hätten gerne zwei Zimmer.

KULTURTIPP

In französischen Doppelzimmern werden Sie vor allem „französische Betten" finden, die für zwei Personen zwischen 1,40 und 1,60 Meter breit sind. Wer sein eigenes Bett braucht, fragt bei der Reservierung eines Doppelzimmers nach *lits jumeaux*, getrennten Betten (wörtlich: Zwillingsbetten).

Und wie lange möchten Sie bleiben?

Pour combien de nuits, s'il vous plaît? pur kõ'bjẽ dö nüi, ßil wu'plä
Für wie viele Nächte bitte?

Quand arrivez-vous? kã ari'we wu
Wann reisen Sie an?

Nous avons besoin des chambres pour une nuit. nus‿a'wõ bö'soẽ de schãbr pur‿ün nüi
Die Zimmer hätten wir gerne für eine Nacht.

On peut avoir la chambre pour une nuit? õ pöt‿a'woar la schãbr pur ün nüi

Können wir das Zimmer für nur eine Nacht haben?

Nous allons passer deux nuits ici. nus‿a'lõ pa'ße dö nüis‿i'ßi

Wir werden zwei Nächte hier bleiben.

Nous passons ... [Zahl] nuits ici. nu pa'ßõ ... nüis‿i'ßi

Wir bleiben ... [Zahl] Nächte hier.

▶ **DIE ZAHLEN** finden Sie auf Seite 123.

Ausstattung und Extras

So können Sie sich genauer nach den Zimmern erkundigen bzw. spezifische Wünsche anbringen:

Combien de chambres avez-vous en tout*? kõ'bjẽ dö schãbr a'we wu ã tu

Wie viele Zimmer haben Sie insgesamt?

Pouvons-nous avoir une très belle chambre? pu'wõ nus‿a'woar ün trä bäl schãbr

Können wir bitte ein sehr schönes Zimmer haben?

Nous aimerions avoir la plus belle chambre. nus‿äm'rjõs‿a'woar la plü bäl schãbr

Wir hätten gerne das schönste Zimmer.

Nous avons besoin d'une plus grande chambre. nus‿a'wõ bö'soẽ dün plü grãd schãbr

Wir brauchen ein größeres Zimmer.

* Achtung feste Wendung:
en tout ã tu — insgesamt

Quelle est la chambre la mieux que vous avez? käl‿ä la schãbr la mjö kö wus‿a'we

Welches Zimmer ist das beste, das Sie haben?

SPRACHTIPP

Im letzten Satz ist das Wörtchen *que* ein bezügliches Pronomen. Es steht immer hinter dem Bezugswort.

Que peut-on voir de la chambre?
kö pöt‿õ woar dö la schãbr

Was kann man von unserem Zimmer aus sehen?

Nous aimerions voir de la chambre la …
nus‿äm'rjõ woar dö la schãbr la

Von unserem Zimmer möchten wir gerne das … sehen.

mer
mär

plage
plasch

montagne
mõ'tanj

rivière
ri'wjär

La chambre est avec …? Hat das Zimmer eine…?
la schãbr ät‿aˈwäk

douche
dusch

baignoire
bäˈnjoar

WC
weˈße

télé
teˈle

KULTURTIPP

Cabinet de toilette nennt man einen kleinen Waschraum, in dem sich ein Waschbecken, manchmal auch eine Dusche oder ein WC befindet. Er ist durch eine Wand vom Rest des Raumes abgetrennt. Ist ein Zimmerpreis inkl. *cabinet de toilette* angegeben, sollte man sich daher besser erkundigen, ob WC und Dusche tatsächlich dabei sind.

Vielleicht möchten Sie sich das Zimmer gerne vorher anschauen:

Peut-on voir la chambre, s'il vous plaît? Können wir uns das Zimmer bitte anschauen?
pöt‿õ woar la schãbr, ßilwuˈplä

J'aimerais voir la chambre, s'il vous plaît. ~~sch~~ämˈrä woar la schãbr, ßilwuˈplä Ich würde gerne das Zimmer sehen, bitte.

Vous pouvez nous faire voir les chambres, s'il vous plaît?
wu puˈwe nu fär woar le schãbr, ßilwuˈplä
Können Sie uns bitte die Zimmer zeigen?

La chambre est déjà faite?
la schãbr ä deˈ~~sch~~a fät
Ist das Zimmer schon fertig?

Falls es nicht Ihren Erwartungen entspricht, können Sie sagen:

Cette chambre est beaucoup trop grande pour moi. ßät schãbr ä boˈku tro grãd pur moa
Dieses Zimmer ist viel zu groß für mich.

Avez-vous une plus petite chambre?
aˈwe wu ün plü ptit schãbr
Haben Sie ein kleineres Zimmer?

Cette chambre est trop petite pour nous.
ßät schãbr ä tro ptit pur nu
Dieses Zimmer ist zu klein für uns.

Avez-vous une plus grande chambre?
aˈwe wu ün plü grãd schãbr
Haben Sie ein größeres Zimmer?

Vous n'avez pas de chambres mieux?
wu naˈwe pa dö schãbr mjö
Haben Sie keine besseren Zimmer?

Vielleicht möchten Sie im Hotel bzw. in Ihrer Unterkunft auch essen:

Nous pouvons prendre les repas ici aussi?
nu puˈwõ prãdr le rpa iˈßi oˈßi
Können wir hier auch unsere Mahlzeiten einnehmen?

Les repas sont en plus*? le rpa ßõt‿ã plüß	Kosten die Mahlzeiten extra?
Combien fait un repas? kõˈbjẽ fät‿ẽ rpa	Wie viel kostet eine Mahlzeit?
A quelle heure sont les repas? a käl‿ör ßõ le rpa	Wann sind die Essenszeiten?
Quand pouvons-nous prendre les repas? kã puˈwõ nu prãdr le rpa	Wann können wir die Mahlzeiten einnehmen?
Où prenons-nous les repas? u pröˈnõ nu le rpa	Wo nehmen wir die Mahlzeiten ein?
Où pouvons-nous avoir un repas à cette heure? u puˈwõ nus‿aˈwoar ẽ rpa a ßät‿ör	Wo kriegen wir um diese Zeit noch etwas zu essen?
A quelle heure aimeriez-vous manger? a käl‿ör ämˈrje wu mãˈ~~sch~~e	Um wie viel Uhr möchten Sie gerne essen?
Vous pouvez prendre votre repas à … [Uhrzeit] wu puˈwe prãdr wotr rpa a	Sie können das Essen um … [Uhrzeit] einnehmen.
Nous aimerions manger à … nus‿ämˈrjõ mãˈ~~sch~~e a	Wir möchten um … essen.
A quelle heure mangez-vous le soir? a käl‿ör mãˈ~~sch~~e wu lö ßoar	Um wie viel Uhr essen Sie immer zu Abend?
Je mange à … [Uhrzeit], au plus tard à … ~~sch~~ö mã~~sch~~ a …, o plu tar a	Ich esse um … [Uhrzeit], allerspätestens um …

---

* Achtung feste Wendung:
sont en plus ßöt‿ã plüß — kosten extra

En Allemagne*, on ne mange pas tard.
ãn‿al'manj õ nö mãsch pa tar

In Deutschland isst man nicht spät.

Ici, vous mangez beaucoup plus tard le soir. i'ßi wu mã'sche bo'ku plü tar lö ßoar

Hier isst man viel später zu Abend.

SPRACHTIPP

Zur Angabe der Uhrzeit auf Französisch müssen Sie wissen: In der ersten Hälfte der Stunde ist der Bezugspunkt immer die Stunde, die es gerade geschlagen hat; alles, was nach „halb" kommt wird hingegen sprachlich schon mit der folgenden Stunde in Verbindung gebracht (in unserem Beispiel 8 h). Außerdem benötigt man die Wörter *quart* (viertel), *demie* (halb) und *moins* (weniger). Und so sieht dann der Verlauf einer Stunde aus:
7.00 h = *sept heures* (ßät‿ör); 7.05 h = *sept heures cinq* (ßät‿ör ßẽk); 7.15 h = *sept heures et quart* (ßät‿ör e kar); 7.25 h = *sept heures vingt-cinq* (ßät‿ör wẽt ßẽk); 7.30 h = *sept heures et demie* (ßät‿ör e dö'mi); 7.40 h = *huit heures moins vingt* (üit‿ör moẽ wẽ); 7.45 h = *huit heures moins le quart* (üit‿ör moẽ lö kar); 7.50 h = *huit heures moins dix* (üit‿ör moẽ diß); 7.55 h = *huit heures moins cinq* (üit‿ör moẽ ßẽk).
Für 12.00 h mittags sagt man einfach nur *midi* (Mittag) und für 0.00 h *minuit* (Mitternacht).
10.00 h heißt *dix heures du matin* (zehn Uhr morgens), zur Unterscheidung von 22.00 h, *dix heures du soir* (zehn Uhr abends).

---

* **en Autriche** än‿o'trisch — in Österreich
en Suisse ã ßüiß — in der Schweiz

▶ **DIE ZAHLEN** finden Sie auf Seite 123.

Oder möchten Sie noch etwas trinken, vielleicht an der Hotelbar?

Où pouvons nous avoir une boisson à cette heure? u puˈwõ nus‿aˈwoar ün boaˈßõ a ßät‿ör
Wo können wir um diese Zeit noch etwas trinken?

Pouvons-nous avoir quelque chose à boire ici? puˈwõ nus‿aˈwoar kälkö‿schos a boar iˈßi
Können wir hier drin etwas zu trinken bekommen?

Quelle boisson aimeriez-vous avoir? käl boaˈßõ ämˈrje wus‿aˈwoar
Welches Getränk hätten Sie denn gerne?

Quelle boisson aimes-tu le plus? käl boaˈßõ äm tü lö plüß
Welches Getränk trinkst du am liebsten?

Quelle boisson aimez-vous le plus? käl boaˈßõ äˈme wu lö plüß
Welches Getränk trinken Sie am liebsten?

Oh pardon, c'est votre boisson! o parˈdõ, ßä wotr boaˈßõ
Oh, Entschuldigung! Das ist Ihr Getränk!

Pardon, mais ce n'est pas votre boisson! parˈdõ mä ßö nä pa wotr boaˈßõ
Entschuldigung, aber das ist nicht Ihr Getränk!

Pardon, mais je n'ai pas de boisson. parˈdõ mä ~~sch~~ö ne pa dö boaˈßõ
Entschuldigung, aber ich habe noch kein Getränk.

Pardon, mais je n'ai rien à boire. parˈdõ mä ~~sch~~ö ne rjẽn‿a boar
Entschuldigung, aber ich habe noch nichts zu trinken.

Zimmerpreise

So fragen Sie nach dem Preis für das Zimmer und die Extras:

Combien fait la chambre?
kõ'bjẽ fä la schãbr
Wie viel kostet das Zimmer?

Combien fait une nuit?
kõ'bjẽ fät‿ün nüi
Wie viel kostet eine Nacht?

Et combien font deux nuits?
e kõ'bjẽ fõ dö nüi
Und wie viel kosten zwei Nächte?

Combien font les boissons en chambre?
kõ'bjẽ fõ le boa'ßõ ã schãbr
Was kosten die Getränke in meinem Zimmer?

Combien ça fait quand on appelle de la chambre?
kõ'bjẽ ßa fä kãt‿õn‿a'päl dö la schãbr
Wie viel kosten Telefongespräche aus meinem Zimmer?

Entscheidung

Vielleicht haben Sie das gefunden, was Sie suchen:

La chambre me plaît beaucoup.
la schãbr mö plä bo'ku
Das Zimmer gefällt mir sehr gut.

Oui, nous la prenons.
ui nu la prö'nõ
Ja, wir nehmen es.

Je peux prendre cette chambre?
schö pö prãdr ßät schãbr
Kann ich dieses Zimmer beziehen?

Bon, nous aimerions prendre cette chambre.
bõ nus‿äm'rjõ prãdr ßät schãbr
Also, wir möchten dieses Zimmer nehmen.

… oder Sie müssen sich noch ein bisschen umschauen:

C'est cher. ßä schär	Das ist teuer.
C'est très très cher! ßä trä trä schär	Das ist wahnsinnig teuer!
C'est trop cher pour nous! ßä tro schär pur nu	Das ist uns zu teuer.
C'est beaucoup trop cher! ßä bo'ku tro schär	Das ist viel zu teuer!
La chambre est très belle, mais elle est trop chère pour nous. la schãbr ä trä bäl, mäs‿äl ä tro schär pur nu	Das Zimmer ist sehr schön, aber es ist uns zu teuer.
Merci, mais la chambre ne me plaît pas du tout. mär'ßi mä la schãbr nö mö plä pa dü tu	Danke, aber das Zimmer gefällt mir überhaupt nicht.
Merci, mais la chambre n'est pas très belle. mär'ßi mä la schãbr nä pa trä bäl	Danke, aber das Zimmer ist nicht sehr schön.
Merci, mais nous ne prenons pas la chambre. mär'ßi mä nu nö prö'nõ pa la schãbr	Danke, aber wir nehmen das Zimmer nicht.
Merci de nous faire voir les chambres. mär'ßi dö nu fär woar le schãbr	Danke, dass Sie uns die Zimmer gezeigt haben.

Service

Vielleicht hat man einen Anruf für Sie entgegengenommen:

Pardon, on vous appelle d'Allemagne. par'dõ õ wus‿a'päl dal'manj	Entschuldigen Sie, ich habe hier ein Gespräch für Sie aus Deutschland.
Oui, je le prends. ui schö lö prã	Ja, ich nehme es entgegen.
On vous a appelé d'Allemagne aujourd'hui. õ wus‿a a'ple dal'manj oschur'düi	Heute haben Sie einen Anruf aus Deutschland bekommen.

Oder Sie möchten sich wecken lassen:

Vous pouvez nous appeler à … [Uhrzeit], s'il vous plaît? wu pu'we nus‿a'ple a …, ßilwu'plä	Können Sie uns bitte um … [Uhrzeit] telefonisch wecken?
A quelle heure je peux vous appeler? a käl‿ör schö pö wus‿a'ple	Um wie viel Uhr darf ich Sie telefonisch wecken?
A quelle heure pouvons-nous vous appeler? a käl‿ör pu'wõ nu wus‿a'ple	Um wie viel Uhr dürfen wir Sie telefonisch wecken?
Appelez-moi à … [Uhrzeit]! a'ple moa a	Wecken Sie mich um … [Uhrzeit]!
A … [Uhrzeit], s'il vous plaît! a …, ßilwu'plä	Bitte um … [Uhrzeit] Uhr!

▶ **DIE ZAHLEN** dafür finden Sie auf Seite 123; Hinweise zur Bildung der Uhrzeit im Sprachtipp auf Seite 68.

Oder brauchen Sie noch etwas Bestimmtes?

Nous avons besoin d'un lit/... en plus. Wir brauchen bitte ein zusätzliches Bett/...
nus‿a'wõ bö'soẽ dẽ li/... ã plüß

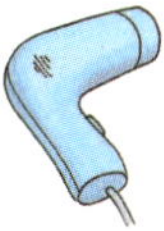

sèche-cheveux
ßäsch schö'wö

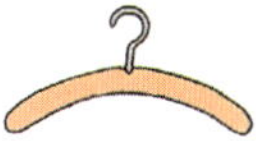

cintre
ßẽtr

savon
ßa'wõ

Où est-ce que je peux avoir des ...? Wo kann ich ... finden?
u äßkö ~~sch~~ö pös‿a'woar de

Je peux avoir des ..., s'il vous plaît? ~~sch~~ö pös‿a'woar de ..., ßilwu'plä Kann ich bitte ... haben?

pellicules
peli'kül

piles
pil

cartes postales
kart pɔß'tal

allumettes
alü'mät

Beschwerden

Falls Ihre Zimmernachbarn sich einmal daneben benehmen sollten, können Sie sich so darüber beschweren:

Pouvez-vous aller voir dans la chambre … [Zimmernummer]? pu'we wus‿a'le woar dã la schãbr	Können Sie bitte in Zimmer … [Zimmernummer] vorbeischauen?
Ça ne peut plus faire*! ßa nö pö plü fär	Das kann so nicht weitergehen!
Je n'en peux plus! schö nã pö plü	Ich kann nicht mehr!
Il est très tard et nous aimerions aller au lit! il‿ä trä tar e nus‿äm'rjõs‿a'le o li	Es ist sehr spät, und wir wollen schlafen gehen!
Il est temps de faire quelque chose. il‿ä tã dö fär kälkö‿schos	Es ist höchste Zeit, etwas dagegen zu unternehmen!
Il n'a rien de mieux à faire à cette heure? il na rjẽ dö mjös‿a fär a ßät‿ör	Um diese Zeit hat er wirklich nichts Besseres zu tun?
Je ne suis pas content de la chambre. ♂ schö nö ßüi pa kõ'tã dö la schãbr	Ich bin mit diesem Zimmer nicht zufrieden.
Je ne suis pas contente de la chambre. ♀ schö nö ßüi pa kõ'tãt dö la schãbr	Ich bin mit diesem Zimmer nicht zufrieden.

* Der Ausdruck *peut faire* hat zwei Bedeutungen. Wortwörtlich kann es mit „kann machen" übersetzt werden, z. B. *Il peut le faire* (Er kann es machen). Außerdem bedeutet er in der festen Wendung *Ça ne peut plus faire!* „Das kann so nicht weitergehen!"

Manchmal ist auch der Zimmerservice etwas zu langsam:

Nous aimerions aller dans la chambre, mais elle n'est pas faite. nus‿äm'rjõs‿a'le dã la schãbr, mäs‿äl nä pa fät	Wir möchten jetzt aufs Zimmer gehen, aber es ist noch nicht fertig.
Nous n'avons pas beaucoup de temps aujourd'hui. nu na'wõ pa bo'ku dö tã oschur'düi	Wir haben heute wenig Zeit.
Pouvez-vous faire la chambre, s'il vous plaît. pu'we wu fär la schãbr, ßilwu'plä	Können Sie bitte unser Zimmer jetzt fertig machen.
Comment? La chambre n'est pas faite? kɔ'mã? la schãbr nä pa fät	Wie bitte? Das Zimmer ist noch nicht fertig?

Urlaubsaktivitäten

Von A nach B kommen

Egal, was Sie unternehmen möchten: Sie werden dabei immer einiges an (unbekannten) Wegen zurücklegen müssen.

Où vas-tu? u wa tü	Wohin gehst du?
Où allez-vous? u aˈle wu	Wohin gehen Sie?
Je vais en ville. schö wäs‿ã wil	Ich gehe in die Stadt.
J'aimerais aller à … [Ziel] schämˈräs‿aˈle a	Ich möchte nach … [Ziel] gehen.
Où c'est? u ßä	Wo ist das denn?
C'est ici …? ßät‿iˈßi	Ist hier …?
Non, ce n'est pas ici! nõ ßö nä pas‿iˈßi	Nein, das ist nicht hier!
Pardon, c'est bien ici …? parˈdõ ßä bjẽ iˈßi	Entschuldigung, bin ich hier in …?
Ce n'est pas très loin d'ici, non? ßö nä pa trä loẽ diˈßi nõ	Es ist nicht sehr weit von hier, oder?
Ce n'est pas trop loin? ßö nä pa tro loẽ	Ist es nicht zu weit?
Est-ce que c'est loin d'ici? äßkö ßä loẽ diˈßi	Ist es weit von hier?
C'est trop loin. ßä tro loẽ	Das ist zu weit.
Comment pouvons-nous y aller? kɔˈmã puˈwõ nus‿jaˈle	Wie können wir dorthin gehen?
Comment pouvons-nous aller à … [Ziel]? kɔˈmã puˈwõ nus‿aˈle a	Wie können wir nach … [Ziel] gehen?

Wenn Sie sich mit den öffentlichen Verkehrsmitteln zurecht finden müssen, können Sie folgende Fragen stellen:

Pouvons-nous prendre le ...? pu'wõ nu prãdr lö	Können wir mit dem/der ... fahren?
Où pouvons-nous prendre le ...? u pu'wõ nu prãdr lö	Wo können wir in den/die ... einsteigen?
Quand passe le ...? kã paß lö	Wann fährt der/die ...?
A quelle heure arrive le ...? a käl‿ör a'riw lö	Um wie viel Uhr kommt der/die ...?
Où va le ...? u wa lö	Wohin fährt der/die ...?
A quelle heure ouvre le ...? a käl‿ör uwr lö	Um wie viel Uhr fährt der/die erste ...?
A quelle heure est ce qu'il n'y a plus de ...? a käl‿ör äßk‿il nja plü dö	Ab wann fährt kein/keine ... mehr?
Quel ... pouvons-nous prendre? käl ... pu'wõ nu prãdr	Mit welchem/welcher ... können wir fahren?
Vous pouvez prendre le ... pour aller à ... [Ziel] wu pu'we prãdr lö ... pur a'le a	Sie können mit dem/der ... nach ... [Ziel] fahren.

bus
büß

métro
me'tro

train
trẽ

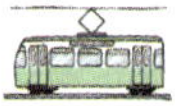

tram
tram

Est-il à l'heure? ät‿il a lör	Und ist er/sie pünktlich?
Il va arriver. il wa ari'we	Er/Sie kommt gleich.

Il est déjà arrivé. il ä deˈ~~sch~~a ariˈwe — Er/Sie ist schon da.

Combien ça fait pour aller en ville? kõˈbjẽ ßa fä pur aˈle ã wil — Wie viel kostet eine Fahrt in die Stadt?

Shopping

Aujourd'hui, je vais faire les magasins*. o~~sch~~urˈdüi ~~sch~~ö wä fär le magaˈsẽ — Heute gehe ich bummeln.

J'aimerais aller faire les magasins demain. ~~sch~~ämˈräs‿aˈle fär le magaˈsẽ döˈmã — Morgen möchte ich bummeln gehen.

Vous pouvez me dire où est le magasin de ...? wu puˈwe mö dir u ä lö magaˈsẽ dö — Können Sie mir bitte sagen, wo ich einen ...-Laden finden kann?

vêtements
wätˈmã

journaux
~~sch~~urˈno

fleurs
flör

vélos
weˈlo

chaussures
schõˈßür

cigarettes
ßigaˈrät

fruits et légumes
früis‿e leˈgüm

poissons
poaˈßõ

---

* Achtung feste Wendung:
faire les magasins fär lẽ magaˈsẽ — bummeln

Und so erfahren Sie die Öffnungszeiten der Geschäfte:

Quand êtes-vous ouvert? kã ät wus‿u'wär	Wann haben Sie geöffnet?
Le magasin est ouvert de … [Uhrzeit] à … [Uhrzeit] lö maga'sẽ ät‿u'wär dö … a	Unser Geschäft ist von … bis … geöffnet.
A quelle heure ouvre le magasin? a käl‿ör uwr lö maga'sẽ	Um wie viel Uhr machen Sie auf?
A quelle heure est-ce qu'il n'est plus ouvert? a käl‿ör äßk‿il nä plüs‿u'wär	Um wie viel Uhr schließen Sie?
Vous êtes ouvert … [Wochentag]? wus‿ät su'wär	Haben Sie am … [Wochentag] offen?

▶ **DIE WOCHENTAGE** finden Sie auf Seite 124, die Zahlen für die Uhrzeit auf Seite 123.

KULTURTIPP

Beachten Sie bei Ihrem Einkaufsbummel, dass die meisten Geschäfte Montag vormittags geschlossen haben. Dafür haben sie samstags ganztägig bis mindestens 19.30 h geöffnet. Außerhalb von Paris machen viele kleinere Läden auch eine zweistündige Mittagspause, wobei Einkaufszentren und Supermärkte in der Regel durchgehend geöffnet haben. Insgesamt kann es bei den Öffnungszeiten erhebliche Unterschiede zwischen Paris, den anderen Großstädten und der Provinz geben.

Und nun begleiten wir Sie auf einen Einkaufsbummel durch die Welt der Mode. Zunächst benötigen Sie die richtige Größe:

Quelle taille faites-vous? käl taj fät wu	Welche Größe haben Sie?
De quelle taille avez-vous besoin? dö käl taj aˈwe wu böˈsoẽ	Welche Größe brauchen Sie?
C'est quelle taille, s'il vous plaît? ßä käl taj, ßilwuˈplä	Welche Größe ist das bitte?
J'ai besoin du … [Zahl] ~~sch~~e böˈsoẽ dü	Ich brauche Größe … [Zahl]
Je fais du … ~~sch~~ö fä dü	Ich habe Größe …
Nous n'avons que du … nu naˈwõ kö dü	Wir haben nur noch Größe …

SPRACHTIPP

Hier handelt es sich wieder um die Verneinungsform *ne … que* (nur), z. B. *Je ne prends que deux repas* (Ich bestelle nur zwei Essen).

Vous l'avez aussi en …? wu laˈwe oˈßi ã	Haben Sie das auch in Größe …?

▶ **DIE ZAHLEN** finden Sie auf Seite 123.

Cette taille ne vous va pas mieux? ßät taj nö wu wa pa mjö	Passt Ihnen diese Größe nicht besser?
Bon, on va voir. bõ õ wa woar	Nun, das werden wir sehen.
On va voir ça! õ wa woar ßa	Das sehen wir gleich!
Non, ce n'est pas la bonne taille. nõ ßö nä pa la bɔn taj	Nein, das ist nicht meine Größe.
Oui, c'est la bonne taille. ui ßä la bɔn taj	Ja, das ist die richtige Größe.
Non, c'est trop grand pour moi. nõ ßä tro grã pur moa	Nein, das ist mir zu groß.
Non, c'est trop petit. nõ ßä tro pti	Nein, das ist zu klein.
Vous n'avez pas une taille plus petite? wu na'we pas‿ün taj plü ptit	Haben Sie es nicht auch eine Größe kleiner?
Vous n'avez pas une taille plus grande? wu na'we pas‿ün taj plü grãd	Haben Sie es nicht auch eine Größe größer?

KULTURTIPP

Frankreich ist weltbekannt für seine berühmten Modeschöpfer wie Christian Dior, Coco Chanel, Yves Saint-Laurent, Jean-Paul Gaultier, Christian Lacroix etc., deren *prêt-à-porter*-Kollektionen (Modell-Kollektionen) inzwischen auch in großen Kaufhäusern angeboten werden. Bei Damenkleidung ist der Unterschied zwischen französischen und deutschen Kleidergrößen zu beachten: Zum Beispiel entspricht die deutsche Größe 36 der französischen 38.

Jetzt gilt es natürlich noch, das richtige Kleidungsstück zu finden:

Ça me va bien. ßa mö wa bjẽ	Das steht/passt mir gut.
Ça vous va très bien. ßa wu wa trä bjẽ	Das steht/passt Ihnen sehr gut.
Et ça, ça ne me va pas mieux? e ßa ßa nö mö wa pa mjö	Steht mir das nicht besser?
Mais ça me va! mä ßa mö wa	Aber das steht/passt mir!
Ça me va bien. ßa mö wa bjẽ **J'aimerais l'acheter.** schämˈrä laschˈte	Das passt/steht mir gut. Ich möchte es kaufen.
C'est très beau! ßä trä bo **Je vais l'acheter.** schö wä laschˈte	Das ist wunderschön! Ich kaufe es sofort.
C'est ça que j'aime! ßä ßa kö schäm	Genau das liebe ich!
C'est ça que j'aimerais m'acheter. ßä ßa kö schämˈrä maschˈte	Genau das ist es, was ich mir kaufen möchte!
C'est un très beau magasin! ßät‿ẽ trä bo magaˈsẽ	Das ist ein sehr schönes Geschäft!
Merci, mais ça ne me va pas du tout. märˈßi mä ßa nö mö wa pa dü tu	Danke, aber das passt/steht mir absolut nicht.
Merci, mais je ne le prends pas. märˈßi mä schö nö lö prã pa	Danke, aber ich nehme es nicht.

Vielleicht möchten Sie auch Freunden und Bekannten zu Hause mit einem typisch französischen Souvenir eine Freude machen:

J'aimerais acheter un cadeau. schämˈräs‿aschˈte ẽ kaˈdo	Ich möchte gerne noch ein Geschenk kaufen.
Nous allons acheter un cadeau. nus‿aˈlõ aschˈte ẽ kaˈdo	Wir gehen jetzt ein Geschenk kaufen.

C'est d'ici? ßä di'ßi

Ist das aus der Gegend?

J'ai besoin d'un beau cadeau pas trop cher. sche bö'soẽ dẽ bo ka'do pa tro schär

Ich brauche ein hübsches, aber nicht zu teures Geschenk.

Le cadeau peut faire plus. lö ka'do pö fär plüß

Das Geschenk kann ruhig etwas mehr kosten.

KULTURTIPP

Als typisches Souvenir aus Frankreich gilt z. B. Kulinarisches wie Käse, Pasteten in allen Varianten (Gänseleber, Rillettes, Olivenpasten), örtliche Spezialitäten von den bunten Märkten (Kräuter, bunter Stoff, Seife) und natürlich Rotwein, Cidre oder Champagner.
Ebenfalls eignen sich Parfüms oder Designerkleidungsstücke aus der Pariser Modewelt als Mitbringsel – allerdings nur bei einem entsprechenden Reisebudget!

Unterhaltung

On va au ...? õ wa o

Gehen wir ins ...?

J'aimerais aller au ... schäm'räs‿a'le o

Ich möchte ins ... gehen.

cinéma
ßine'ma

théâtre
te'atr

musée
mü'se

casino
kasi'no

Oui, moi aussi. ui moa oˈßi	Ja, ich auch.
Non, je n'aime pas ça! nõ ~~sch~~ö näm pa ßa	Nein, das mag ich nicht!
C'est à quelle heure? ßät‿a käl‿ör	Um wie viel Uhr fängt es an?
C'est où? ßä u	Wo findet es statt?
Combien ça fait pour un? kõˈbjẽ ßa fä pur ẽ	Wie viel kostet der Eintritt für eine Person?
Combien ça fait pour deux? kõˈbjẽ ßa fä pur dö	Wie viel kostet der Eintritt für zwei Personen?

KULTURTIPP

In den meisten französischen Städten gibt es kleine Broschüren, die Sie über aktuelle Veranstaltungen in den Bereichen Theater, Kino, Konzert und Ausstellungen informieren. Oft enthalten Sie auch noch eine Liste von Restaurants und Cafés. Man bekommt diese Broschüren (nicht immer kostenlos) am Kiosk oder bei den Verkehrsämtern. In Paris heißen die wichtigsten Hefte dieser Art „L'Officiel des spectacles" und „Pariscope".

Freizeit und Sport

Wer im Urlaub Abwechslung sucht, kann z. B. neue Sportarten ausprobieren:

Aujourd'hui, j'aimerais faire quelque chose de bien. o~~sch~~urˈdüi ~~sch~~ämˈrä fär kälkö‿schos dö bjẽ	Heute möchte ich etwas Tolles machen.

Je suis content de pouvoir le faire. ♂
~~sch~~ö ßüi kõ'tã dö pu'woar lö fär
Ich freue mich, das ausprobieren zu können.

Je suis contente de pouvoir le faire. ♀
~~sch~~ö ßüi kõ'tãt dö pu'woar lö fär
Ich freue mich, das ausprobieren zu können.

Tu fais de la …? tü fä dö la
Machst du …?

Vous faites de la …? wu fät dö la
Machen Sie …?

J'aimerais faire de la …
~~sch~~äm'rä fär dö la
Ich möchte gerne …

randonnée
rãdo'ne

plongée
plõ'~~sch~~e

voile
woal

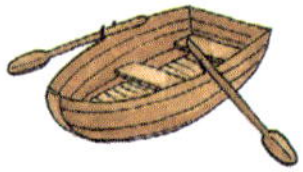

barque
bark

SPRACHTIPP

Im Französischen werden viele Aktivitäten, wie z. B. Wandern, Tauchen, Segeln oder Rudern, durch ein Substantiv in Verbindung mit dem Verb *faire* (machen) ausgedrückt.

J'en ai déjà fait. Et toi?
~~sch~~ãn‿e de'~~sch~~a fä. e toa
Das habe ich schon einmal gemacht. Und du?

Non, je n'en ai pas fait.
nõ ~~sch~~ö nãn‿e pa fä
Nein, das habe ich noch nicht ausprobiert.

SPRACHTIPP

En erfüllt im Französischen mehrere Funktionen und wird im Deutschen jedes Mal verschieden wiedergegeben. Hier bedeutet es „das".

C'était bien! ßeˈtä bjẽ — Das war schön!

C'était très bien! ßeˈtä trä bjẽ — Das war klasse!

C'était très très bien! ßeˈtä trä trä bjẽ — Das war fantastisch!

KULTURTIPP

In Frankreich, vor allem im Süden, gibt es eine besondere Sportart, *boules* oder *pétanque* genannt, die gerne auf öffentlichen Plätzen oder in Parks gespielt wird.
Dieses Kugelspiel erfüllt auch eine wichtige soziale Funktion: Sowohl Spieler als auch Zuschauer kommentieren jeden einzelnen Wurf. Wenn Sie die Regeln beherrschen, lässt man Sie auch ohne Sprachkenntnisse sicher mitspielen!

Essen gehen

Wenn Sie essen gehen möchten, stellt sich die Frage nach dem Was und dem Wie viel:

Qu'aimeriez-vous manger? kämöˈrje wu mãˈsche — Was möchten Sie gerne essen?

J'aimerais avoir des …, s'il vous plaît. schämˈräs‿aˈwoar de …, ßilwuˈplä — Zunächst hätte ich gerne …

crevettes
kröˈwät

huîtres
üitr

escargots
äßkarˈgo

tomates
toˈmat

Je prends du … avec des …, s'il vous plaît. schö prã dü … aˈwäk de …, ßilwuˈplä — Danach nehme ich … mit …, bitte.

poisson
poaˈßõ

porc
pɔr

poulet
puˈle

canard
kaˈnar

petits pois
pti poa

pommes de terre
pɔm dö tär

frites
frit

haricots
ariˈko

J'aimerais aussi une …, s'il vous plaît. ~~sch~~ämˈräs‿oˈßi ün …, ßilwuˈplä — Und außerdem hätte ich gerne ein …

glace
glaß

mousse au chocolat
muß‿o schokoˈla

part de gâteau
par dö gaˈto

KULTURTIPP

Ein typisch französisches Essen besteht meistens aus drei Gängen. Zur Abrundung eines solchen Essens wird vor dem Nachtisch eine Käseplatte (*un plateau de fromage*) serviert. Auf dieser werden in der Regel vier oder fünf Käsesorten angeboten – der gute Ton schreibt jedoch vor, möglichst nicht mehr als zwei oder drei Sorten davon zu probieren.
Leitungswasser erhalten Sie in einem Restaurant immer gratis und oft automatisch. Falls nicht, können Sie jederzeit eine Karaffe Wasser (*une carafe d'eau*) bestellen. Ebenso verhält es sich mit dem Brot (*pain*): Es ist im Preis inbegriffen und wird von der Bedienung gerne nachgeliefert.

Tu ne manges pas?
tü nö mã~~sch~~ pa — Isst du nichts?

Vous ne mangez plus?
wu nö mãˈ~~sche~~ plü — Essen Sie nicht mehr?

Je ne mange pas beaucoup.
~~sch~~ö nö mã~~sch~~ pa boˈku — Ich esse nicht sehr viel.

Non merci, je ne peux plus rien manger. nõ märˈßi ~~sch~~ö nö pö plü rjẽ mãˈ~~sch~~e
Nein danke, ich kann nichts mehr essen.

Je peux en avoir plus, s'il vous plaît? ~~sch~~ö pö ãn‿aˈwoar plüß, ßilwuˈplä
Kann ich davon bitte noch etwas haben?

SPRACHTIPP

Wie oben bereits erläutert, erfüllt *en* im Französischen mehrere Funktionen. Dieses Mal steht es für eine Akkusativergänzung (wen?), die eine Mengenangabe bezeichnet, z. B. *Je peux avoir de la glace?* (Kann ich Eis haben?) wird zu *Je peux en avoir?* (Kann ich es/davon haben?).

Sicherlich möchten Sie auch etwas trinken:

Vous prenez quelque chose? wu pröˈne kälkö‿schos
Was darf ich Ihnen bringen?

Et qu'aimeriez-vous boire? e kämˈrje wu boar
Und was möchten Sie gerne trinken?

J'aimerais avoir un …, s'il vous plaît. ~~sch~~ämˈräs‿aˈwoar ẽ …, ßilwuˈplä
Ich hätte gerne ein …, bitte.

verre d'eau
wär do

jus de fruit
~~sch~~ü dö früi

verre de vin rouge
wär dö wẽ ru~~sch~~

cocktail
kɔkˈtäl

Tu ne bois pas? tü nö boa pa	Trinkst du nichts?
Vous ne buvez pas? wu nö bü'we pa	Trinken Sie nichts?
Tu ne prends rien? tü nö prã rjẽ	Willst du nichts zu trinken?
Vous ne prenez rien? wu nö prö'ne rjẽ	Wollen Sie nichts zu trinken?
Non merci, je ne bois pas. nõ mär'ßi ~~sch~~ö nö boa pa	Nein danke, ich trinke nichts.
Je ne bois plus rien ce soir. ~~sch~~ö nö boa plü rjẽ ßö ßoar	Heute Abend trinke ich nichts mehr.
J'ai trop bu. ~~sch~~e tro bü	Ich habe zu viel getrunken.
J'ai déjà trop bu. ~~sch~~e de'~~sch~~a tro bü	Ich habe schon zu viel getrunken.

KULTURTIPP

Wenn Franzosen miteinander anstoßen möchten, sagen sie *Tchin-tchin!* (Prost!) oder *Santé!* (Zum Wohl!, wörtlich: „Gesundheit!"). Wenn aber jemand niesen muss, sagt man nicht *Santé!*, sondern *A tes souhaits!* (wenn Sie die Person duzen) bzw. *A vos souhaits!* (wenn Sie sie siezen). Wörtlich übersetzt bedeutet das „Auf deine/Ihre Wünsche!".

Leider gibt es auch manchmal im Restaurant Grund zur Klage:

Pardon, mais ce n'est pas bon. par'dõ mä ßö nä pa bõ	Entschuldigung, aber das schmeckt nicht.
Mais je ne peux pas le manger. mä ~~sch~~ö nö pö pa lö mã'~~sch~~e	Aber ich kann das einfach nicht essen.

Je ne peux pas le boire. schö nö pö pa lö boar	Ich kann das einfach nicht trinken.
Je ne suis pas content du repas. ♂ schö nö ßüi pa kõˈtã dü rpa	Ich bin mit dem Essen gar nicht zufrieden.
Je ne suis pas contente du repas. ♀ schö nö ßüi pa kõˈtãt dü rpa	Ich bin mit dem Essen gar nicht zufrieden.
Je vous dis que je ne prends pas ce repas! schö wu di kö schö nö prã pa ßö rpa	Ich sage Ihnen, dass ich dieses Essen nicht haben will!
Mais le repas était trop cher. mä lö rpa eˈtä tro schär	Aber dafür war das Essen zu teuer!
La boisson était trop chère. la boaˈßõ eˈtä tro schär	Das Getränk war zu teuer.

Bekanntschaften und Flirts

Vielleicht knüpfen Sie vor Ort neue Kontakte oder lernen eine charmante Begleitung kennen:

Tu as le temps ce soir? tü a lö tã ßö ßoar	Hast du heute Abend Zeit?
Vous avez du temps pour moi aujourd'hui? wus‿aˈwe dü tã pur moa oschurˈdüi	Haben Sie heute Zeit für mich?
Oui, j'ai le temps. ui sche lö tã	Ja, ich habe Zeit.
On peut se voir demain? õ pö ßö woar döˈmẽ	Sehen wir uns morgen?

Vielleicht sind Sie sich sogar mehr als nur sympathisch:

Je suis très content d'être avec toi. ♂ schö ßüi trä kõˈtã dätr aˈwäk toa	Ich freue mich sehr, bei dir zu sein.
Je suis très contente d'être avec toi. ♀ schö ßüi trä kõˈtãt dätr aˈwäk toa	Ich freue mich sehr, bei dir zu sein.
C'est bien de passer du temps avec toi. ßä bjẽ dö paˈße dü tã aˈwäk toa	Es ist schön, mit dir Zeit zu verbringen.
Que le temps passe! kö lö tã paß	Wie schnell die Zeit vergeht!
Tu me plais beaucoup. tü mö plä boˈku	Du gefällst mir sehr gut.
Je t'aime bien. schö täm bjẽ	Ich mag dich sehr gerne.
Je t'aime. schö täm	Ich liebe dich.
J'aime bien être avec toi. schäm bjẽ ätr aˈwäk toa	Ich bin gerne mit dir zusammen.
J'aimerais passer la journée avec toi. schämˈrä paˈße la schurˈne aˈwäk toa	Ich möchte den ganzen Tag mit dir verbringen.

Andernfalls können Sie so reagieren, um unerwünschte Einladungen bzw. allzu heftige Avancen abzulehnen:

J'ai mieux à faire! sche mjös‿a fär	Ich habe Besseres zu tun!
Tu n'as rien de mieux à faire? tü na rjẽ dö mjös‿a fär	Hast du nichts Besseres zu tun?

Vous n'avez rien de mieux à faire? wu na'we rjẽ dö mjös‿a fär	Haben Sie nichts Besseres zu tun?
Je n'ai pas le temps. schö ne pa lö tã	Ich habe keine Zeit.
Je n'ai pas besoin de toi. schö ne pa bö'soẽ dö toa	Ich brauche dich wirklich nicht.
Je n'ai pas besoin de vous. schö ne pa bö'soẽ dö wu	Ich brauche Sie wirklich nicht.
Mais tu vois bien que ça ne me plaît pas! mä tü woa bjẽ kö ßa nö mö plä pa	Aber du siehst doch, dass mir das nicht gefällt!
Vous voyez bien que ça ne me plaît pas du tout! wu woa'je bjẽ kö ßa nö mö plä pa dü tu	Sie sehen doch, dass mir das überhaupt nicht gefällt!
Je n'ai plus rien à dire! schö ne plü rjẽn‿a dir	Ich habe nichts mehr zu sagen!

SPRACHTIPP

Im Französischen besteht die Verneinung aus den zwei Wörtern *ne … pas* (nicht), die das gebeugte Verb umschließen, z. B. *Je n'ai pas dit ça* (Ich habe das nicht gesagt). Beginnt das Verb mit einem Selbstlaut oder einem stummen *h*, wird *ne* verkürzt zu *n'*.
Ne … plus rien (nichts mehr) und *ne … pas du tout* (gar nicht mehr) sind weitere Arten der Verneinung.

Speisekarte

Lebensmittel

beurre bör	Butter
céréales ße'real	Müsli
jambon ~~sch~~ã'bõ	Schinken
miel mjäl	Honig
œuf à la coque öf a la kɔk	weich gekochtes Ei
œuf au plat öf o pla	Spiegelei
œuf brouillé öf bru'je	Rührei
œuf dur öf dür	hart gekochtes Ei
yaourt ja'urt	Joghurt

agneau a'njo	Lamm
bœuf böf	Rindfleisch
cerf ßär	Hirsch
dinde dẽd	Pute
gibier gi'bje	Wild
lièvre 'ljäwre	Hase
mouton mu'tõ	Hammelfleisch
oie oa	Gans
pintade pẽtad	Perlhuhn
porc pɔrk	Schweinefleisch
sanglier sãgli'je	Wildschwein

veau wo	Kalbfleisch
anguille ã'gij	Aal
cabillaud kabi'jo	Kabeljau
hareng a'rã	Hering
sardines ßar'din	Sardinen
saumon ßo'mõ	Lachs
thon to	Thunfisch
truite truit	Forelle
coquilles Saint-Jacques kɔ'kij ßẽ'schak	Jakobsmuscheln
écrevisses ekrö'wiß	Flusskrebse
langoustines lãguß'tin	Scampi
pâtes pat	Nudeln
riz ri	Reis
à la broche a la brɔsch	am Spieß
à l'étuvé a letu'we	gedünstet
(cuit) à la vapeur (kui) a la wa'pör	gedampft
cuit au four kui o fur	gebacken

cuit à l'eau kui a lo	gekocht
fumé fu'me	geräuchert
gratiné grati'ne	überbacken
grillé gri'je	gegrillt
pané pa'ne	paniert
rôti ro'ti	geröstet

asperges as'pär~~sch~~	Spargel
champignons schãpi'njo	Pilze
champignons de Paris schãpi'njo dö pa'ri	Champignons
chou schu	Kohl
courgettes kur'~~sch~~ät	Zucchini
épinards epi'nar	Spinat
haricots ari'ko	Bohnen
légumes le'güm	Gemüse
petits pois pö'ti poa	Erbsen
poivron poa'wro	Paprika

cerises ßö'ris	Kirschen
fraises fräs	Erdbeeren
framboises frã'boas	Himbeeren
pastèque pas'täk	Wassermelone

poire poar	Birne
pomme pɔm	Apfel
prune prun	Pflaume
pêche päsch	Pfirsich
raisins ra'sẽ	Trauben

bleu blö	Blauschimmelkase
fromage frɔma~~sch~~	Käse
fromage au lait cru frɔ'ma~~sch~~ o la kru	Rohmilchkäse
fromage de brebis frɔ'ma~~sch~~ dö brö'bi	Schafskäse
fromage de chèvre frɔ'ma~~sch~~ dö 'schäwrö	Ziegenkäse
gruyère gru'jär	Greyerzer

bière bjär	Bier
brut brut	trocken (Champagner)
cuvée du patron ku'we du pa'tro	Hauswein
(demi-)sec (dömi)'säk	(halb-)trocken
doux du	lieblich
rhum rɔm	Rum
vin mousseux wẽ mu'ßö	Sekt

citron pressé ßi'trõ pre'ße	Zitrone natur
eau minérale o mine'ral	Mineralwasser
eau minérale gazeuse o mine'ral ga'sös	Mineralwasser mit Kohlensäure
grenadine gröna'din	Granatapfelsirup mit Wasser
jus ~~sch~~ü	Saft
jus de pomme ~~sch~~ü dö pɔm	Apfelsaft
limonade limɔ'nad	Limonade
menthe mãt	Pfefferminzsirup mit Wasser

café crème ka'fe kräm	Kaffee mit aufgeschäumter Milch
café express ka'fe äks'präs	Espresso
infusion ẽfu'sjõ	Früchte- oder Kräutertee
lait lä	Milch
thé te	Tee
tisane ti'san	Kräutertee

Gerichte

Bouillabaisse buja'bäß — südfranzösische Fischsuppe

soupe à l'oignon gratinée sup‿a lɔ'njo grati'ne — Zwiebelsuppe mit Croutons und Käse überbacken

velouté d'asperges volu'te das'pärsch — Spargelcremesuppe

bouchée à la reine bu'sche a la rän — Königinpastete

charcuterie scharkut'ri — Aufschnittplatte

croque-madame krɔk ma'dam — Schinken-Käse-Toast mit Spiegelei

croque-monsieur krɔkmo'sjö — Schinken-Käse-Toast

pâté pa'te — Fleischpastete

pissenlits au lard pißã'li o lar — Löwenzahnsalat mit Speck

rillettes ri'jät — Schweinefleischpastete im eigenen Fett

andouillette ãdu'jät — Kuttelbratwurst

blanquette de veau blã'kät dö wo — Kalbsfrikassee

boudin noir bu'dẽ noar — Blutwurst

bœuf bourguignon böf burgi'njo	Rindergulasch in Rotwein
bœuf à la mode böf a la mɔd	Schmorbraten
cassoulet kaßu'lä	Eintopf aus weißen Bohnen, Gänse- und anderem Fleisch
civet de marcassin ßi'wä dö marka'sẽ	junges Wildschwein in Weinsoße
côte kot	Rippchen, Kotelett
escalope panée aska'lɔp pa'ne	Wiener Schnitzel
jarret de veau ~~sch~~a'rä dö wo	Kalbshaxe
médaillons de chevreuil meda'jo dö schö'wröj	Rehmedaillons
mouton mu'to	Hammelfleisch
pieds de cochon pje dö kɔ'scho	Schweinsfüße
quenelles kö'näl	Fleisch- oder Fischklöschen
ris de veau ri dö wo	Kalbsbries
rôti ro'ti	Braten
steak haché stäk‿a'sche	Hackbraten
tournedos turnö'do	Filetsteak
tripes à la mode de Caen trip a la mɔd dö ka	Kutteln auf normannische Art

brandade brã'dad	gekochter und pürierter Stockfisch mit Sahne, Olivenol und Knoblauch angemacht
homard à l'armoricaine ɔ'mar a larmɔri'kän	Hummer in Stücken mit Weißwein
moules frites mul frit	Miesmuscheln mit Pommes frites
truite aux amandes et au beurre noir truit os‿a'mãd e o bör noar	Forelle mit Mandeln und brauner Butter
gratin dauphinois gra'tẽ dofi'noa	Kartoffelauflauf
pommes de terre sautées pɔm dö tär so'te	Bratkartoffeln
pommes de terre vapeur pɔm dö tär wa'por	Salzkartoffeln
baba au rhum ba'ba o rɔm	mit Rum getränkter Hefekuchen
beignets aux pommes bä'njä o pɔm	Apfelbeignets
biscuit roulé bis'kui ru'le	Biskuitrolle
cake käk	Teekuchen

charlotte schar'lɔt	gestürzte Süßpeise aus likörgetrankten Löffelbiskuits und Vanillecreme
chausson aux pommes scho'ßo o pɔm	Apfeltasche
chou à la crème schu a la kräm	Windbeutel
clafoutis aux cerises klafu'ti o ßö'ris	Süßpeise aus Eierkuchenteig und Kirschen
flan flã	Cremepudding
île flottante il flɔ'tat	Eischnee auf Vanillesoße
meringue mö'rẽg	Baiser
mille-feuille mil'föj	Blätterteiggebäck mit Creme
parfait par'fä	Halbgefrorenes
profiteroles prɔfit'rɔl	kleine Windbeutel mit Cremefüllung
religieuse röli'~~sch~~jös	Windbeutel mit Schokoladen- oder Mokkacreme
tarte Tatin tart ta'tẽ	gestürzte Apfeltorte mit Karamellguss
tuiles aux amandes tüil os‿a'mãd	„Mandelziegel"-Gebäck

bière blonde bjär blõd	helles Bier
bière brune bjär brün	dunkles Bier
bière pression bjär präßjõ	Bier vom Fass
bitter bi'tär	Magenbitter
calvados kalwa'dos	Apfelschnaps
cassis ka'ßiß	Johannisbeerlikör
cidre ßidrö	Apfelwein
eau-de-vie od'wi	klarer Schnaps
kir kir	Weißwein mit Johannisbeerlikor
kir royal kir roa'jal	Champagner mit Johannisbeerlikor
marc mark	Trester
pastis paß'tiß	Anisschnaps
porto pɔr'to	Portwein
vin d'appellation contrôlée wẽ dapäla'ßjõ kõtro'le	Qualitätswein b.a.

Notfälle und Missgeschicke

Hilfe holen

Aide-moi! äd moa	Hilf mir!
Aidez-moi! äˈde moa	Helfen Sie mir!
Vous pouvez m'aider, s'il vous plaît? wu puˈwe mäˈde, ßilwuˈplä	Können Sie mir bitte helfen?
Tu peux m'aider? tü pö mäˈde	Kannst du mir bitte helfen?
Pouvez-vous m'aider? puˈwe wu mäˈde	Können Sie mir helfen?
Je peux vous aider? ~~sch~~ö pö wus‿äˈde	Kann ich Ihnen irgendwie behilflich sein?
Nous pouvons vous aider? nu puˈwõ wus‿äˈde	Können wir Ihnen helfen?
Je vous aide? ~~sch~~ö wus‿äd	Darf ich Ihnen helfen?
Vous avez besoin que je vous aide? wus‿aˈwe böˈsoẽ kö ~~sch~~ö wus‿äd	Brauchen Sie meine Hilfe?

KULTURTIPP

Unter der Rufnummer 15 erreichen Sie rund um die Uhr den französischen Notdienst namens *S.A.M.U.* Dort wird der Einsatz aller Notärzte und Krankenwagen koordiniert. Die Feuerwehr (*pompiers*) erreichen Sie unter der Notrufnummer 18.

Unfall

Bestenfalls kommt man noch einmal mit dem Schrecken davon:

Vous allez bien? wus‿a'le bjẽ — Geht es Ihnen gut?

Ça va? ßa wa — Geht's?

Il vous est arrivé quelque chose?
il wus‿ät‿ari'we kälkö‿schos — Ist Ihnen etwas passiert?

Je vois qu'il ne vous est rien arrivé!
schö woa kil nö wus‿ä rjẽn‿ari'we — Wie ich sehe, ist Ihnen nichts passiert!

Que s'est-il passé?
kö sät‿il pa'ße — Was ist denn passiert?

Ce n'est pas passé loin.
ßö nä pa pa'ße loẽ — Das war haarscharf vorbei.

Il ne s'est rien passé.
il nö ßä rjẽ pa'ße — Keine Angst, es ist nichts passiert.

Vous avez besoin de quelque chose?
wus‿a'we bö'soẽ dö kälkö‿schos — Brauchen Sie irgendetwas?

Non merci, je n'ai besoin de rien.
nõ mär'ßi schö ne bö'soẽ dö rjẽ — Nein danke, ich brauche nichts.

Doch falls es leider zu einem Schaden gekommen sein sollte:

Pardon, mais je n'ai rien vu.
par'dõ mä schö ne rjẽ wü — Tut mir leid, aber ich habe nichts gesehen.

Non, je n'ai pas vu.
nõ schö ne pa wü — Nein, das habe ich nicht gesehen.

Je ne pouvais pas voir. schö nö puˈwä pa woar	Ich konnte nichts sehen.
Je ne pouvais pas vous voir. schö nö puˈwä pa wu woar	Ich konnte Sie überhaupt nicht sehen.
Je ne pouvais rien voir du tout. schö nö puˈwä rjẽ woar dü tu	Ich konnte überhaupt nichts sehen.
Ça m'est déjà arrivé. ßa mä deˈscha ariˈwe	Das ist mir schon einmal passiert.
Je n'y peux rien*. schö ni pö rjẽ	Ich kann nichts dafür.
Je n'y suis pour rien.** schö ni ßüi pur rjẽ	Es ist nicht meine Schuld.
On va arriver pour vous aider. õ wa ariˈwe pur wus‿äˈde	Die Hilfe kommt gleich.
Ce n'est pas beau à voir. ßö nä pa bo a woar	Das sieht aber nicht gut aus.
Appelez la ...! aˈple la	Bitte rufen Sie den ...!

dépanneuse
depaˈnös

police
poˈliß

---

* Achtung feste Wendung:
Je n'y peux rien. schö ni pö rjẽ — Ich kann nichts dafür.

** Achtung feste Wendung:
Je n'y suis pour rien.
schö ni ßüi pur rjẽ — Es ist nicht meine Schuld.

KULTURTIPP

Auf dem Land gibt es statt der Polizei (*police*) die *gendarmerie*. Sie ist zuständig für Verkehrsunfälle, Menschen in Bergnot, Gesetzesübertretungen etc.

Verlust und Diebstahl

J'ai perdu quelque chose.
~~sch~~e pär'dü kälkö‿schos
Ich habe etwas verloren.

J'ai perdu le ...
~~sch~~e pär'dü lö
Ich habe die ... verloren.

sac
ßak

porte-monnaie
pɔrtmo'nä

passeport
paß'pɔr

collier
ko'lje

C'est arrivé aujourd'hui.
ßät‿ari'we o~~sch~~ur'düi
Das ist heute passiert.

On est allé dans la chambre.
õn‿ät‿a'le dã la schãbr
Jemand war in unserem Zimmer.

Je n'ai plus rien! ~~sch~~ö ne plü rjẽ
Ich habe nichts mehr!

On nous a tout pris!
õ nus‿a tu pri
Sie haben uns alles weggenommen!

J'ai tout perdu! ~~sch~~e tu pär'dü
Ich habe alles verloren!

Je vous dis que je n'ai rien vu! schö wu di kö schö ne rjẽ wü	Ich sage Ihnen: Ich habe nichts gesehen!

Arztbesuch

C'est à vous. ßät‿a wu	Sie sind als Nächster dran.
Qu'est-ce que je peux faire pour vous? käßkö schö pö fär pur wu	Was kann ich für Sie tun?
Que pouvons-nous faire pour vous? kö pu'wõ nu fär pur wu	Was können wir für Sie tun?
Je ne vais pas bien. schö nö wä pa bjẽ	Ich fühle mich überhaupt nicht wohl.
Je ne vais pas très bien. schö nö wä pa trä bjẽ	Ich fühle mich nicht so ganz wohl.
Ça fait mal*. ßa fä mal	Das tut weh.
J'ai mal.** sche mal	Ich habe Schmerzen.
J'ai très mal. sche trä mal	Ich habe starke Schmerzen.
J'ai mal ici [deutend]. sche mal i'ßi	Hier tut es mir weh.
Où vous avez mal? u wus‿a'we mal	Wo tut es Ihnen weh?

* Achtung feste Wendung:
fait mal fä mal — tut weh

** Achtung feste Wendung:
J'ai mal. sche mal — Ich habe Schmerzen.

J'ai mal au … ~~sch~~e mal o — Mir tut der … weh.

bras
bra

pied
pje

ventre
wãtr

genou
~~sch~~nu

Je peux voir où vous avez mal?
~~sch~~ö pö woar u wus‿a'we mal
Kann ich sehen, wo es Ihnen weh tut?

J'aimerais voir où ça vous fait mal.
~~sch~~äm'rä woar u ßa wu fä mal
Ich möchte gerne sehen, wo es Ihnen weh tut.

Voyons ça! woa'jõ ßa
Schauen wir mal!

Je peux avoir quelque chose pour ça? ~~sch~~ö pös‿a'woar kälkö‿schos pur ßa
Können Sie mir etwas dagegen geben?

Prenez ça et ça va aller mieux.
prö'ne ßa e ßa wa a'le mjö
Nehmen Sie das, und es wird besser werden.

Quand vais-je aller mieux?
kã wä~~sch~~ a'le mjö
Wann wird es mir wieder besser gehen?

Merci, ça fait du bien*.
mär'ßi ßa fä dü bjẽ
Danke, das tut gut!

* Achtung feste Wendung:
Ça fait du bien. ßa fä dü bjẽ — Das tut gut.

KULTURTIPP

Sie erkennen eine Apotheke (*pharmacie*) in Frankreich an ihrem grünen Schild. Die Öffnungszeiten sind meistens von 9.00 h bis 19.00 oder 20.00 h. In jeder Apotheke hängt die Adresse der nächstgelegenen Notfallapotheke aus.

Verlaufen

Falls Sie sich einmal verlaufen haben, können Sie sagen:

Pardon, mais je me suis perdu. ♂ parˈdõ mä ~~sch~~ö mö ßüi pärˈdü	Entschuldigen Sie, ich habe mich verirrt.
Pardon, mais je me suis perdue. ♀ parˈdõ mä ~~sch~~ö mö ßüi pärˈdü	Entschuldigen Sie, ich habe mich verirrt.
Je me suis perdu dans la ville. ♂ ~~sch~~ö mö ßüi pärˈdü dã la wil	Ich habe mich in der Stadt verlaufen.

SPRACHTIPP

In Verbindung mit einem rückbezüglichen Pronomen (z. B. *se, me*) bedeutet *perdre* verirren/verlaufen. *Je me suis perdu* heißt also ich habe mich verirrt.

Vous êtes d'ici? wus‿ät diˈßi	Sind Sie von hier?
Vous pouvez me dire où est … [Ziel], s'il vous plaît? wu puˈwe mö dir u ä …, ßilwuˈplä	Können Sie mir bitte sagen, wo ich … [Ziel] finden kann?

Pouvez-vous me dire où est …? puˈwe wu mö dir u ä	Können Sie mir sagen, wo … ist?
Où suis-je? u ßüisch	Wo bin ich?
Mais comment ai-je fait pour arriver ici? mä kɔˈmã äsch fä pur ariˈwe iˈßi	Wie bin ich denn gelaufen, um hierhin zu kommen?
Je vais arriver trop tard. schö wäs‿ariˈwe tro tar	Ich komme jetzt zu spät.
Vous avez l'heure, s'il vous plaît? wus‿aˈwe lör, ßilwuˈplä	Können Sie mir bitte sagen, wie spät es ist?
Tu as l'heure, s'il te plaît? tü a lör, ßiltöˈplä	Kannst du mir bitte sagen, wie spät es ist?
Quelle heure est-il? käl‿ör ät‿il	Wie spät ist es?

▶ **HINWEISE** zur Angabe der Uhrzeit finden Sie im Sprachtipp auf Seite 68.

Missgeschicke

Falls Ihnen oder Ihrer Begleitung ein Missgeschick passiert sein sollte, können Sie sagen:

Il m'est arrivé quelque chose. il mät‿ariˈwe kälkö‿schos	Mir ist etwas passiert.
Il s'est passé quelque chose. il ßä paˈße kälkö‿schos	Es ist etwas passiert.

SPRACHTIPP

In Verbindung mit einem rückbezüglichen Pronomen (z. B. se) bedeutet *passer* passieren.

J'ai cassé quelque chose.
sche kaˈße kälkö‿schos

Ich habe etwas kaputtgemacht.

Pardon, mais j'ai cassé le lit.
parˈdõ mä sche kaˈße lö li

Tut mir leid, aber ich habe das Bett kaputtgemacht.

J'ai cassé votre lit/…
sche kaˈße wotr li

Ich habe Ihr Bett/… kaputtgemacht.

télé
teˈle

sèche-cheveux
ßäsch schöˈwö

appareil photo
apaˈräj foˈto

Oder etwas in Ihrem Zimmer hat den Geist aufgegeben:

C'est cassé! ßä kaˈße

Das ist kaputt!

Pardon, mais c'est cassé.
parˈdõ mä ßä kaˈße

Es tut mir leid, aber das ist zerbrochen.

Le lit s'est cassé!
lö li ßä kaˈße

Das Bett ist kaputtgegangen!

Pardon, mais le lit/… est cassé.
parˈdõ mä lö li/… ä kaˈße

Entschuldigung, aber das Bett/… ist kaputt.

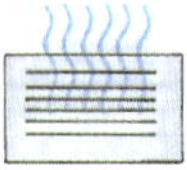

radiateur
radjaˈtör

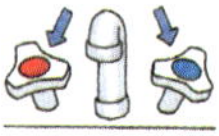

robinet
robiˈne

fer à repasser
fär‿a rpaˈße

téléphone
teleˈfɔn

Wörterbuch

A

à a nach; zu; in; bis
A ce soir. a ßö ßoar Bis heute Abend.
acheter aschˈte kaufen
A demain! a döˈmẽ Bis morgen!
ai e habe
ai besoin e böˈsoẽ brauche
aide äd helfe
aider äˈde helfen
aidez äˈde helft/helfen [Sie]
ai mal e mal habe Schmerzen; tut mir weh
aimer äˈme mögen; lieben
aimerais ämˈrä möchte [ich]/möchtest
aimeriez ämˈrje möchtet/möchten [Sie]
aimerions ämˈrjõ möchten [wir]
allé aˈle gegangen; gefahren
l'Allemagne [f] lalˈmanj Deutschland
aller bien aˈle bjẽ gut gehen; gut stehen/passen
allez aˈle geht [ihr]/gehen [Sie]
allons aˈlõ gehen [wir]
l'allumette [f] lalüˈmät Streichholz
A plus! a plüß Tschüs!/Bis nachher!
A plus tard! a plü tar Bis später!/Tschüs!
l'appareil photo [m] lapaˈräj foˈto Fotoapparat
appelé aˈple angerufen
appeler aˈple (an)rufen
appelle aˈpäl rufe an
l'après-midi [m] laprämiˈdi Nachmittag
arrive aˈriw komme/kommt [er/sie/es]; schaffe/schafft [ihr; er/sie/es]
arrivé ariˈwe (an)gekommen; passiert
arriver ariˈwe (an)kommen/anreisen
arrivez ariˈwe reist an [ihr]/reisen an [Sie]
as a hast
A tes souhaits! a te suä *beim Niesen*: Gesundheit! [Du-Form]
A tout à l'heure! a tut‿a lör Bis gleich! Bis später!
aujourd'hui oschurˈdüi heute
A une heure! a ün‿ör Bis um eins!
au plus o plüß höchstens
au plus tard o plü tar spätestens
Au revoir. o‿röˈwoar Auf Wiedersehen.
aussi oˈßi auch; so …
l'Autriche [f] loˈtrisch Österreich
avec aˈwäk mit
avez aˈwe habt/haben [Sie]
avez besoin de aˈwe böˈsoẽ braucht [ihr]/brauchen [Sie]

avez mal a'we mal haben [Sie] Schmerzen; tut Ihnen weh
avoir a'woar haben
avons besoin de a'wõ bö'soẽ dö brauchen [wir]
passé pa'ße verbracht
avons a'wõ haben [wir]
A vos souhaits! a wo suä *beim Niesen*: Gesundheit! [Sie-Form]

B

la baignoire la bä'njoar Badewanne
le bar lö bar Kneipe
la barque la bark Ruderboot
beau ♂ bo schön; hübsch
beaucoup bo'ku viel; sehr
belle ♀ bäl schön; hübsch
bien bjẽ gut; schön
boire boar trinken
bois boa trinke/trinkst
la boisson la boa'ßõ Getränk
bon ♂ bõ gut; also
Bonjour. bõ'~~sch~~ur Guten Tag/Morgen.
bonne ♀ bɔn gut
Bonne journée! bɔn ~~sch~~ur'ne Einen schönen Tag noch!
Bonsoir. bõ'ßoar Guten Abend; Auf Wiedersehen; Gute Nacht.
les boules le bul *frz. Kugelspiel*
le bras lö bra Arm
bu bü getrunken
le bus lö büß Bus
buvez bü'we trinkt [ihr]/ trinken [Sie]

C

ça ßa das, dies
le cabinet de toilette lö kabi'ne dö toa'lät Waschraum
le cadeau lö ka'do Geschenk
Ça fait … ßa fä Das kostet …
Ça fait du bien. ßa fä dü bjẽ Das tut gut.
le café lö ka'fe Kaffee; Café, Kneipe
le café-bar-tabac lö ka'fe bar ta'ba Café/Kneipe mit Tabakladen
le café-restaurant lö ka'fe räßto'rã Café mit separatem Speiseraum
Ça me plaît. ßa mö plä Das gefällt mir.
le camping lö kã'ping Campingplatz
le canard lö ka'nar Ente
Ça ne peut plus faire. ßa nö pö plü fär Das kann nicht so weitergehen.
la carafe d'eau la ka'raf do Krug Wasser
la carte postale la kart pɔß'tal Postkarte
le casino lö kasi'no Kasino
cassé ka'ße kaputt (gemacht), zerbrochen
casser ka'ße brechen; kaputtmachen
Ça va? ßa wa Wie geht's?
Ça va. ßa wa Es geht mir/ uns gut.
ce ßö dieser/dieses
C'est … ßä Das ist …

C'est à vous. ßät‿a wu Sie sind dran.
cette ßät diese
la cigarette la ßiga'rät Zigarette
la chambre la 'schãbr (Schlaf-)Zimmer
la chambre d'hôte la 'schãbr dot Gästezimmer
la chaussure la scho'ßür Schuh
cher ♂ schär teuer
chère ♀ schär teuer
le chien lö schjẽ Hund
le chocolat lö schoko'la Schokolade
le cinéma lö ßine'ma Kino
le cintre lö ßẽtr Kleiderbügel
le cocktail lö kɔk'täl Cocktail
le collier lö ko'lje Halskette
combien kõ'bjẽ wie viel/wie viele
Combien ça fait? kõ'bjẽ ßa fä Wie viel kostet das?
comment kɔ'mã wie
Comment? kɔ'mã Wie bitte?
content kõ'tã zufrieden; froh
la crevette la krö'wät Shrimp, Garnele
le croissant lö kroa'ßã Croissant

D

dans dã in; auf
de dö von; aus
déjà de'scha schon
le déjeuner lö deschö'ne Mittagessen
demain dö'mẽ morgen
demie dö'mi halb
de mieux en mieux dö mjös‿ã mjö immer besser
la dépanneuse la depa'nös Abschleppwagen
De rien. dö rjẽ Bitte.
des de [Mehrzahl von *un/une*]
deux dö zwei
dimanche di'mãsch Sonntag
le dîner lö di'ne Abendessen
dire dir sagen
dis di sage/sagst
la discothèque la dißko'täk Diskothek
dit di sagt [er/sie/es]; gesagt
dites dit sagt [ihr]/sagen [Sie]
d'où du woher
la douche la dusch Dusche

E

l'eau [f] lo Wasser
elle äl sie
en ã in; nach
en tout ã tu insgesamt
es ä bist
l'escargot [m] läßkar'go Schnecke
est ä ist
est à l'heure ät‿a lör ist pünktlich
et e und
était e'tä war [er/sie/es]
êtes ät seid/sind [Sie]
être ätr sein

F

faire fär tun, machen; kosten
faire à manger fär a mãˈ~~sch~~e kochen
faire de la barque fär dö la bark rudern
faire de la plongée fär dö la plõˈ~~sch~~e tauchen
faire de la randonnée fär dö la rãdoˈne wandern
faire de la voile fär dö la woal segeln
faire de son mieux fär dö ßõ mjö sein Bestes tun
faire les magasins fär le magaˈsẽ durch die Geschäfte bummeln
fais fä mache/machst
faisons föˈsõ machen [wir]
fait fä macht [er/sie/es]
fait fät gemacht
faites fät macht [ihr]; machen [Sie]
fait mal fä mal tut weh
le fer à repasser lö fär‿a rpaˈße Bügeleisen
la fleur la flör Blume
font fõ machen [sie]
les frites le frit Pommes
les fruits et légumes le früis‿e leˈgüm Obst und Gemüse
le fromage lö froˈma~~sch~~ Käse

G

la gendarmerie la ~~sch~~ãdarmˈri *(eine Art)* Polizei

le genou lö ~~sch~~nu Knie
le gîte lö ~~sch~~it Ferienwohnung
la glace la glaß Eis
grand grã groß

H

le hamburger lö ãbörˈgör Hamburger
les haricots le ariˈko Bohnen
l'heure [f] lör Uhr; Uhrzeit; Stunde
l'hôtel [m] loˈtäl Hotel
l'huître [f] lüitr Auster

I

ici iˈßi hier
il il er/es
Il fait beau. il fä bo Es ist schönes Wetter.

J

J'ai mal. ~~sch~~e mal Ich habe Schmerzen.
je ~~sch~~ö ich
Je me suis perdu. ~~sch~~ö mö ßüi pärˈdü Ich habe mich verirrt.
Je n'en peux plus. ~~sch~~ö nã pö plü Ich kann nicht mehr.
Je n'y peux rien. ~~sch~~ö ni pö rjẽ Ich kann nichts dafür.
Je n'y suis pour rien. ~~sch~~ö ni ßüi pur rjẽ Es ist nicht meine Schuld.
Je t'aime. ~~sch~~ö täm Ich liebe dich.
jeudi ~~sch~~öˈdi Donnerstag

les journaux le ~~sch~~ur'no Zeitungen
la journée la ~~sch~~ur'ne Tag
le jus de fruit lö ~~sch~~ü dö frül Fruchtsaft

L

la la die
le lö der/das
les le die
la librairie la librä'ri Buchhandlung
le lit lö li Bett
les lits jumeaux le li ~~sch~~ü'mo getrennte Betten
loin loẽ weit
lundi lẽ'di Montag

M

Madame ma'dam Frau …
Mademoiselle madmoa'säl Frau (Fräulein) …
le magasin lö maga'sẽ Laden; Geschäft
mais mä aber; sondern
mal mal schlecht
mange mã~~sch~~ esse
manger mã'~~sche~~ essen
manges mã~~sch~~ isst
mangez mã'~~sche~~ esst/essen [Sie]
m'appelle ma'päl heiße
mardi mar'di Dienstag
me mö mich
la mer la mär Meer
merci mär'ßi danke
Merci beaucoup! mär'ßi bo'ku Vielen Dank!
mercredi märkrö'di Mittwoch
le métro lö me'tro U-Bahn
midi mi'di Mittag
mieux mjö besser; schöner
minuit mi'nüi Mitternacht
moi moa mir
moins moẽ vor
Monsieur mö'ßjö Herr …
la montagne la mõ'tanj Berg; Gebirge
le monument lö monü'mã Denkmal
la mousse au chocolat la muß‿o schoko'la Schokoladencremespeise
le musée lö mü'se Museum

N

ne … pas nö … pa nicht
ne … pas du tout nö … pa dü tu gar nicht
ne … plus nö … plü nicht mehr
ne … plus rien nö … plü rjẽ nichts mehr
ne … que nö … kö nur (noch)
ne … rien nö … rjẽ nichts
non nõ nein
nous nu wir; uns
nous nous appelons nu nus‿a'plõ wir heißen
la nuit la nüi Nacht

O

l'office de tourisme lo'fiß dö tu'rism Fremdenverkehrsamt
on õ man; wir

On fait avec. õ fä a'wäk Wir machen das Beste daraus.
où u wo/wohin
oui ui ja
Oui, je vous en prie. ui schö wus_ã pri Ja, bitte sehr/schön!
Oui, merci. ui mär'ßi Ja, bitte!
ouvert u'wär geöffnet
ouvre uwr öffnet

P

le pain lö pẽ Brot
le pantalon lö pãta'lõ Hose
Pardon. par'dõ Entschuldigung./Es tut mir leid.
la part de gâteau la par dö ga'to Stück Kuchen
passe paß verbringe/bleibe; vergeht/kommt vorbei [er/sie/es]
passé pa'ße verbracht, passiert
le passeport lö paß'pɔr Pass
passer pa'ße verbringen; vorbeigehen
passer me voir pa'ße mö woar bei mir vorbeischauen, mich besuchen
passes paß verbringst/bleibst
passez pa'ße verbringt/bleibt [ihr]; verbringen/bleiben [Sie]
passons pa'ßõ verbringen/bleiben [wir]
la pellicule la peli'kül Film [für den Fotoapparat]
perdre pärdr verlieren
perdu pär'dü verloren
la pétanque la pe'tãk *frz. Kugelspiel*
petit pti klein
le petit-déjeuner lö pti deschö'ne Frühstück
le petit pois lö pti poa Erbse
peut pö kann [er/sie/es]
peux pö kann [ich]; kannst
la pharmacie la farma'ßi Apotheke
le pied lö pje Fuß
la pile la pil Batterie
la piste de ski la pißt dö ßki Skipiste
la plage la plasch Strand
plaît plä gefällt
le plateau de fromage lö pla'to dö fro'masch Käseplatte
la plongée la plõ'sche Tauchen
plus … plü mehr
le poisson lö poa'ßõ Fisch
la police la po'liß Polizei
la pomme de terre la pɔm dö tär Kartoffel
les pompiers le põ'pje Feuerwehr
le porc lö pɔr Schweinefleisch
le porte-monnaie lö pɔrtmo'nä Geldbeutel
le poulet lö pu'le Hähnchen
pour pur für; um … zu
pouvais pu'wä konnte [ich]
pouvez pu'we könnt; können [Sie]

pouvoir pu'woar können; dürfen
pouvons pu'wõ können [wir]
prendre prãdr nehmen
prendre du temps prãdr dü tã lange dauern
prendre le métro prãdr lö me'tro mit der Metro fahren
prendre le temps prãdr lö tã sich Zeit lassen
prendre un repas prãdr ẽ rpa eine Mahlzeit einnehmen
prends prã nehme/nimmst
prenez prö'ne nehmt/ nehmen [Sie]
prenons prö'nõ nehmen [wir]
le prêt-à-porter lö prätapɔr'te Konfektionskleidung
pris pri genommen
le pull lö pül Pulli

Q

quand kã wann
le quart lö kar Viertel
que kö dass; den/die/das; wie; was; als/wie
Que c'est beau! kö ßä 'bo Wie schön!
quel käl welcher/welches
quelle käl welche
Quelle heure est-il? käl‿ör ät‿il Wie spät ist es?
quelque chose kälkö‿schos etwas
Quel temps! käl tã Was für ein Hundewetter!
Qu'est-ce que c'est? käßkö ßä Was ist das?

R

le radiateur lö radja'tör Heizung
la randonnée la rãdo'ne Wanderung
le repas lö rpa Mahlzeit; Essen
le restaurant lö räßto'rã Restaurant
rien rjẽ nichts
la rivière la ri'wjär Fluss
le robinet lö robi'ne Wasserhahn

S

le sac lö ßak Tasche
le sac à main lö ßak‿a mẽ Handtasche
le salon de thé lö ßa'lõ dö te Café
Salut. ßa'lü Hallo; Tschüs.
samedi ßam'di Samstag
le S.A.M.U. lö ßa'mü Notdienst
Santé! ßã'te Zum Wohl! [beim Anstoßen]
le savon lö ßa'wõ Seife
se ßö sich
le sèche-cheveux lö ßäsch schö'wö Föhn
le short lö schɔrt Shorts
s'il te plaît ßiltö'plä bitte [wenn Sie sich duzen]
s'il vous plaît ßilwu'plä bitte [wenn Sie sich siezen]

le soir lö ßoar Abend
sont ßõ sind [sie]
sont en plus ßõt‿ã plüß kosten extra
le spectacle lö ßpäk'takl Vorstellung
suis ßüi bin
la Suisse la ßüiß Schweiz

T

la taille la taj (Kleider-)Größe
t'appelles ta'päl heißt [du]
tard tar spät
Tchin-tchin! tschin tschin Prost! [beim Anstoßen]
te tö dich
la télé la te'le Fernseher
le téléphone lö tele'fɔn Telefon
le temps lö tã Wetter; Zeit
le théâtre lö te'atr Theater
toi toa dir
la tomate la to'mat Tomate
tout tu alles; ganz
le train lö trẽ Zug
le tram lö tram Straßenbahn
très trä sehr
trop tro zu …
le t-shirt lö ti'schört T-Shirt
tu tü du
Tu en fais trop. tü ã fä tro Du übertreibst.

U

un ẽ ein; eins
une ün eine; eins

V

va wa geht [er/sie/es]
vais wä gehe
vas wa gehst
le vélo lö we'lo Fahrrad
vendredi wãdrö'di Freitag
le ventre lö wãtr Bauch
le verre lö wär Glas
le verre d'eau lö wär do Glas Wasser
le vêtement lö wät'mã Kleidungsstück
la ville la wil Stadt
le vin lö wẽ Wein
le vin rouge lö wẽ rusch Rotwein
Voilà! woa'la Hier ist es!
la voile la woal Segel
voir woar sehen
vois woa sehe/siehst
voit woa sieht
votre wotr Ihr/Ihre; euer/eure
vous wu Sie/sich; ihr/euch
Vous en faites trop. wus‿ã fät tro Sie übertreiben.
vous vous appelez wu wus‿a'ple ihr heißt/ Sie heißen
voyez woa'je seht/sehen [Sie]
voyons woa'jõ sehen [wir]
vu wü gesehen

W

les WC le we'ße Toilette

Y

y i dort; dorthin

Zahlen

0	1	2	3
zéro	**un**	**deux**	**trois**
seˈro	ẽ	dö	troa
4	5	6	7
quatre	**cinq**	**six**	**sept**
katr	ßẽk	ßis	ßät
8	9	10	11
huit	**neuf**	**dix**	**onze**
üit	nöf	diß	õs
12	13	14	15
douze	**treize**	**quatorze**	**quinze**
dus	träs	kaˈtɔrs	kẽs
16	17	18	19
seize	**dix-sept**	**dix-huit**	**dix-neuf**
ßäs	diˈßät	diˈsüit	disˈnöf
20	21	22	30
vingt	**vingt et un**	**vingt-deux**	**trente**
wẽ	wẽt‿e ẽ	wẽtˈdö	trãt
31	40	41	50
trente et un	**quarante**	**quarante et un**	**cinquante**
trãt‿e ẽ	kaˈrãt	kaˈrãt‿e ẽ	ßẽˈkãt

51	60	61
cinquante et un	**soixante**	**soixante et un**
ßeˈkãt‿e ẽ	ßoaˈßãt	ßoaˈßãt‿e ẽ
70	71	80
soixante-dix	**soixante et onze**	**quatre-vingts**
ßoaˈßãtˈdiß	ßoaˈßãt‿e õs	katröˈwẽ

81
quatre-vingt-un
katrö'wẽ ẽ

90
quatre-vingt-dix
katrö'wẽ diß

91
quatre-vingt-onze
katrö'wẽ'õs

100
cent
ßã

101
cent un
ßã ẽ

200
deux cents
dö ßã

1000
mille
mil

2000
deux mille
dö mil

SPRACHTIPP

Die französischen Zahlen wirken zunächst recht kompliziert, doch es gibt ganz logische Regeln und Zusammensetzungen:
Bei den Zahlen 21, 31, 41, 51, 61 wird die 1 durch *et* (und) angehängt. Die Zahl 70 (*soixante-dix*) wird aus 60 (*soixante*) plus 10 (*dix*) zusammengesetzt, die Zahl 80 (*quatre-vingts*) aus 4 (*quatre*) mal 20 (*vingt*) und die Zahl 90 (*quatre-vingt-dix*) aus 80 plus 10. Ab der 100 fällt der Bindestrich weg und die 1000 (*mille*) ist unveränderlich.

Wochentage

Montag
lundi
lẽ'di

Dienstag
mardi
mar'di

Mittwoch
mercredi
märkrö'di

Donnerstag
jeudi
schö'di

Freitag
vendredi
wãdrö'di

Samstag
samedi
ßam'di

Sonntag
dimanche
di'mãsch